José Luis Trullo

LA ESTIRPE DE SÓCRATES

La vocación personal en el contexto
del humanismo occidental

1ª ed., octubre de 2025

Ilustración de portada: a partir de Egeo ante
la Pitia de Delfos, cerámica griega (s. V a.C.)
en el Altes Museum de Berlín

Una publicación de Cypress Cultura
http://www.cypress.com.es/p/publicaciones_7.html

Thema: QDTQ
IBIC: HPQ

ISBN: 979-13-87504-14-4
Depósito legal: SE 2337-2025

IMPRESO EN LA UNIÓN EUROPEA

ÍNDICE

NOTA DEL AUTOR

Este libro es una continuación natural, o si se prefiere un suplemento, de *Dignitas. Una apologia del humanismo clásico*, que publiqué en 2024 en la editorial Thémata. Ya cuando le puse a este el punto final, sabía que debería prolongar mi exposición acerca de la excelencia humana con una dedicada a la vocación personal; de hecho, lo veo como un díptico en el cual se aborda el mismo tema desde dos ópticas complementarias: una de carácter genérico, en torno a las virtualidades propias de cualquier ser humano, y otra centrada en la irrebasable particularidad de cada individuo. Sin la fundamentación que aporta la primera, la segunda no pasaría de un repertorio de opiniones; pero sin esta última, aquella quedaría como una simple reflexión abstracta desprovista de resonancia concreta. Espero haber logrado aquello que me propuse cuando, hace ahora tres años, vislumbré la necesidad de poner por escrito las enseñanzas que había adquirido con mis lecturas de grandes clásicos desde que cumplí los veinte: compartir una convicción con argumentos, y argumentar con pasión una fe indoblegable en el ser humano como una criatura excepcional, superior a todas las demás, y tan solo un peldaño por debajo de los dioses inmortales.

Sevilla, 6 de septiembre de 2025

¡Condúceme, Zeus, y tú también, Destino, a donde me tengáis asignado mi puesto, que os seguiré sin vacilar! Que si no quiero, acobardándome, no menos os he de seguir.

Cleantes

Todo es por un fin, y la nada no puede ser un fin para un ser.

Francisco Sánchez, *Que nada se sabe*

LOS HILOS DEL DESTINO

> Tener un destino es sentirse súbitamente
> comprometido en una empresa interior.
>
> Juan Gil-Albert

En el siglo XXI, la palabra 'destino', en el mejor de los casos, evoca el término de un viaje material, en tren, en barco o en avión; para el hombre clásico –y aun para el romántico: Hölderlin, Beethoven, Nietzsche–, señala la dirección necesaria, imperiosa, de un movimiento que se despliega en el tiempo, pero ante todo en el orden del sentido: el 'destino' sería aquella fuerza que imprime en quien la experimenta la clara conciencia de hallarse encaminado hacia un fin, o meta, a la cual no es lícito renunciar, so pena de abjurar de algo que nos concierne a todos y a cada uno, personalísimamente, en cuanto individuos libres y responsables.

Esta interpretación del concepto de 'destino' implica asumir que la existencia humana no se agota en la satisfacción de una serie limitada de necesidades biológicas, quedando el resto al albur de cada cual (en una equidistancia moral que impediría establecer una jerarquía entre los fines), sino en la realización de una tarea o misión singular que atañe a cada individuo en un plano tanto íntimo y personal como cívico y social.

Para poder admitir esta acepción de 'destino' hay que haber entendido y aceptado antes el significado de otro concepto nuclear para el pensamiento clásico, el de 'cosmos', no en tanto universo físico, sino en cuanto unidad ordenada y armónica de los elementos que lo componen. Existe un 'destino' personal en

11

la medida en que existe un 'cosmos' organizado, y no un amasijo de elementos sin relación alguna entre ellos, del mismo modo que se puede hablar de 'parte' porque se presupone un 'todo' en el que se puede, incluso se debe inscribir de manera natural, aunque no siempre sin esfuerzo. En suma, la idea misma de 'destino' implica que cada uno de los miembros del cosmos está llamado (de ahí el concepto de vocación) a integrarse en el conjunto, siendo este conjunto en primer término la humanidad, aunque también la naturaleza misma, en tanto asamblea plenaria de todos los entes.

Desde los albores de la civilización occidental, en la Grecia arcaica, dicha imbricación entre destino personal e integración cósmica se plasmó en la figura de las Moiras (a menudo, elevadas a una abstracción: μοῖρα), que tejían el futuro que le aguardaba a cada mortal, y del cual este no podía desviarse a riesgo de ser duramente castigado por ello. Esta determinación rígida y extrema, que tantos estragos acarreaba a los héroes trágicos que se alzaron contra ella o la ignoraban por su propia negligencia –y que en la cultura Roma recibió el nombre de 'fatum', nuestro 'hado'– choca frontalmente con la idea de una 'libertad' reducida al ejercicio incondicionado de la propia soberanía, un principio sagrado para la Modernidad. No es, pues, extraño, que el concepto de 'destino' genere un rechazo instintivo entre nuestros contemporáneos, pues su convicción (casi su 'fe') de que se pueden permitir lo que quieran en cualquier momento queda así seriamente comprometida ante una instancia superior que ha decidido cuáles son los cauces por los que debe discurrir dicha 'libertad'.

Tampoco resulta fácilmente aceptable en el siglo XXI la idea de que todos estamos llamados a cumplir una tarea, ya sea genérica (dar la vida por la patria, sacrificarse por un ideal) o concreta (dedicarse a la docencia o a la música); sí, se quiere creer que tenemos unos 'deseos' que debemos 'perseguir', pero sin conceder al eslogan una especial densidad argumental: se trata de un tópico que, de tanto que se reitera por tierra, mar y aire, acabamos respirando y, sin un mayor trámite, pasa a formar parte del inconsciente colectivo.

Sin necesidad de postular un fatalismo que anule la propia responsabilidad del individuo en la administración de su propia vida, en este libro queremos defender la vigencia, y aun la necesidad, de nociones que, como las de 'tarea', 'misión', 'destino' y 'cosmos', pueden ser percibidas como añejas y caducas, pero sin las cuales la existencia humana pierde toda su consistencia. De hecho, al despojar la ciencia moderna al ser humano de cualquier compromiso teleológico, le ha arrojado en brazos del sinsentido, pues solo los seres irracionales pueden sentirse plenamente conformes con una existencia que carezca de conciencia de 'fin' (y no solo de cese).

A este respecto, pueden resultarnos de utilidad las palabras que escribió el humanista italiano Cristoforo Landino en la dedicatoria al libro I de las *Disputas camaldulenses*, centrado en la dialéctica entre la vida activa y la contemplativa:

> Entre las distintas actividades, tan diversas, en las cuales trabaja el género humano, una en especial merece, tanto por parte de aquellos que poseen cierta prudencia como por el juicio de hombres sapientísimos, ser antepuesta a las demás; y es aquella que investiga el fin último de las cosas, a lo cual los griegos llaman *telos*, en cuanto meta final de la carrera, una vez alcanzada la cual podremos descansar en una segura tranquilidad. Si a tal fin el Dios supremo no nos hubiese determinado de manera cierta, la condición humana no podría concebirse más miserable. De hecho, mientras todas las demás cosas, ya sean animadas o inanimadas, poseen por objetivo un fin postrero, una vez alcanzado el cual pueden tenerse en buena lid por felices, ¿no deberíamos considerarnos tratados con suma iniquidad si

únicamente el hombre no pudiera hallar en lugar alguno un propósito al que consagrar sus esforzados y casi infinitos trabajos, sus pensamientos, el curso entero de su vida?

Para un humanista que se precie de serlo (y no, lógicamente, para el simple descriptor del *homo sapiens*), una vida que no conoce o que se desentiende de su fin, es decir, la meta hacia la que se encamina, carece de sentido alguno: es absurda. Averiguar qué es lo que nos 'depara' el destino, es decir, aquello que solo a nosotros concierne, y por eso nos resulta lo más 'propio', se convierte entonces en la tarea fundamental a la que debemos consagrarnos:

> Sin duda, así como los arqueros divisan a lo lejos el objetivo de sus dardos, del mismo modo la naturaleza, que nunca se equivoca, nos propone una meta final. Desdeñarla implica para el hombre sentirse permanentemente desdichado; si, por el contrario, hacia ella tienden todos nuestros denuedos, alcanzaremos la suprema beatitud. Así pues, ¿qué puede imaginarse más insensato que echarnos a perder en desvelos sin fin, soportando intolerables fatigas y afrontando evidentes peligros en tareas que no nos benefician en nada, antes bien, con frecuencia nos perjudican, en lugar de preocuparnos por conocer lo único que nos puede dotar de armas contra los ímpetus adversos de la fortuna, permitiéndonos discernir los propósitos vanos y efímeros de un sólido, perfecto y auténtico bien?

Una vida entendida en términos de vocación y destino cobra volumen y relieve, sentido y dirección; sin ellos, vaga sin rumbo a merced de los acontecimientos externos, pero también de los propios impulsos y caprichos. Sin una brújula apuntando al norte, ni siquiera hay viaje: solo deambulación. Como apuntó con tino Joseph Joubert: "Todos portamos dentro algunos indicios de nuestro destino. No hay que borrarlos, sino seguirlos; sin ellos, nos veremos inevitablemente abocados a un puerto falso e infeliz". Concebir la existencia humana en términos de navegación, por muy gastada que pueda parecer dicha imagen, no deja de resultar provechoso, ya que nuestra vida consiste en surcar un espacio amplio e ilimitado, y de nuestra pericia depende emplear los vientos para avanzar sin percances y alcanzar tierra firme.

Ahora bien, mientras que para el hombre del siglo XXI (al menos, el de las opulentas y decadentes sociedades occidentales) el 'destino' o 'puerto' de la vida no es otro que la tumba, tanto para el clásico como para ese heredero suyo que es el humanista dicha meta es... la plenitud. Al consumar la tarea personal a la que hemos sido convocados por el 'cosmos', y que experimentamos íntimamente en forma de 'destino' irrenunciable, hallamos nuestro 'lugar bajo el sol' (otra metáfora recurrente, pero no por ello menos cierta), nos sentimos 'realizados', conformes con nuestra vida... felices.

Resulta triste que, a estas alturas, todavía haya que romper una lanza por un concepto antaño tan prestigioso como el de 'felicidad'... pero así es. La cultura contemporánea libra una batalla abierta y permanente contra ella. El mercado editorial así lo atestigua, difundiendo cada cierto tiempo una nueva proclama al respecto: si en 2008 la editorial Taurus publicaba *Contra la felicidad. En defensa de la melancolía*, de Eric G. Wilson, en 2010 se editó un libro titulado *Happycracia: Cómo la ciencia y la industria de la felicidad controlan nuestras vidas* (¡nada menos), de Edgar Cabanas y Eva Illouz. Pero la cosa viene de lejos. Autores celebérrimos han cargado contra la mera perspectiva de la dicha. Gustave Flaubert, ese sempiterno amargado ante la frustración de sus propias quimeras, afirmó: "Ser estúpido, egoísta y gozar de buena salud son los tres requisitos para ser feliz, aunque si falla la estupidez, todo está perdido". ¡Y no hablemos de Cioran, de Beckett, de Ionesco! El deseo de felicidad se ha venido a considerar, por parte de ciertos cráneos supuestamente privilegiados, como un ansia pueril, plebeya, un síntoma de escasa ambición personal, de necedad o incluso de supremo egoísmo pues, ¿quién puede ser feliz ante la mera perspectiva del dolor ajeno? Ello por no hablar de la voz de nuestra propia conciencia, que nos recuerda a cada rato que somos mortales y nuestros logros, efímeros e ilusorios... Por contra, manifestar tendencias melancólicas, abismarse en cavilaciones sombrías o jactarse de la propia capacidad para la tristeza constituye un pendón de victoria: los taciturnos sí conocerían la esencia auténtica de la vida, esa que los alegres y los entusiastas se empeñan en sofocar tras una mueca risueña. Por desgracia, "el hombre que sólo piensa en su sufrimiento, no se detiene a pensar en su felicidad. Si lo hiciera, vería que todas las etapas de su vida tuvieron momentos felices", como nos advirtió Fiodor Dostoyevski.

Sin embargo, no siempre ha sido así. En la cultura clásica (y entiendo por ella la que, arrancando en Grecia y Roma, llega hasta los albores del Romanticismo) se postulaba la felicidad como el ideal al que debía aspirar el sabio, en cuanto paradigma eminente del ser humano. Aristóteles fundamentó toda su ética eudemonológica en este principio. San Agustín dejó escrito: «Nadie es sabio si no es feliz». Spinoza y Hume, ya en los primeros compases de la Modernidad, la consideraban la meta natural de la humanidad. Por su parte, Immanuel Kant, poco sospechoso de despachar fáciles concesiones a la opinión mayoritaria, sentenció: "La felicidad; más que un deseo, alegría o elección, es un deber", y ya sabemos a qué aludía el filósofo de Königsberg cuando empleaba esa palabra, y no otra. Bertrand Russell o Julián Marías, ya en pleno siglo XX, escribieron luminosos estudios acerca de esta noción esencial para la vida humana.

16

Desde luego, nada tiene que ver esa felicidad clásica con lo que entiende el hombre moderno por dicha palabra, y esa me parece la clave. Mientras que la primera consiste en un estado objetivo subsiguiente a la observancia de ciertas pautas de pensamiento y de conducta (resumidas en el concepto de virtud), para el segundo se reduce a un mero conjunto de emociones estrictamente subjetivas, asociadas a la euforia, a la desmesura e, incluso, al éxtasis. Como es natural, ni el más acérrimo heredero de un Baudelaire puede aspirar a vivir en un estado de permanente embriaguez; en el mejor de los casos, y aplicándose un severo régimen de adelgazamiento aspiracional, alcanzará cierta suerte de beatitud consistente en: a) la ausencia de dolor, b) cierta tranquilidad de ánimo y, en última instancia, c) la conformidad con las circunstancias. No en vano el gran maestro del estoicismo, nuestro cordobés universal, Séneca, afirmó: "El sabio se contenta con su suerte, sea cual sea, sin desear lo que no tiene". Es de esta contención de las expectativas, y de su adecuación a las posibilidades de materializarlas, de las que depende en gran medida ese sano contento clásico, alejado de una idea chabacana de la felicidad en cuanto satisfacción permanente de nuestros caprichos. (Personalmente, como John Stuart Mill, yo también "he aprendido a buscar mi felicidad limitando mis deseos en vez de satisfacerlos").

Por supuesto, la defensa de la felicidad como noble aspiración humana nada tiene que ver con esa versión edulcorada y serializada con que tratan de narcotizarnos los mal llamados libros de autoayuda, puesto que si algo la caracteriza es el adoptar diversas configuraciones en función de cada individuo (a pesar del 'dictum' tolstoiano). No existe una receta para ser feliz porque sólo hay un modo de ser uno mismo, si puede decirse utilizando una retórica algo banal. En cualquier caso, parece claro que nada tiene que ver la dicha personal con la mera satisfacción de las necesidades materiales o con el fortalecimiento de un supuesto estado del bienestar que nos colmase de parabienes: de hecho, los países más desarrollados son aquellos en los que se registra una mayor prevalencia de depresiones invalidantes y de suicidios, mientras que es bien conocida la aptitud de los pueblos depauperados para sentirse dichosos por el simple hecho de estar vivos. Seguramente, el choque entre la convicción de que un nivel de vida elevado nos franquea el acceso a la plenitud y la constatación de que ésta no puede reducirse a la mera gratificación material tengan gran parte de culpa en ello.

Ahora bien, que haya que mantener una sana distancia respecto a los vendedores de sucedáneos no implica que debamos impugnar la bella idea que tratan de degradar, so pena de tirar al niño con el agua de la bañera. Todo lo contrario: es ahora cuando más urgente resulta salir en defensa de un concepto tan manoseado, que corre el riesgo de volverse irreconocible. Seguramente, la actitud más inteligente sería la de aplicar una sabia prudencia a nuestras aspiraciones, la moderación a nuestros apetitos y la medida constante a nuestros deseos (todas ellas virtudes estrictamente clásicas que se remontan, como mínimo, a los Siete Sabios y, por lo tanto, bastante alejadas del común sentir contemporáneo). Así las cosas, el camino más sensato y seguro pasa por el conocimiento de los propios límites, pues sólo en tanto en cuanto seamos capaces de saber de qué somos realmente capaces y qué nos tiene deparado el destino a nosotros y solo a nosotros, podremos aceptar sin rencores la eventual derrota, las inevitables pérdidas y los sempiternos chascos con los que la realidad nos obsequia a cada momento.

En este libro nos proponemos traer a colación las bases de una argumentación modesta y honesta, pero firme y convencida, en favor de la vocación personal entendida como un concepto nuclear de la tradición del humanismo occidental, pues en ella se condensan y armonizan las instancias que hemos venido considerando hasta aquí: la de un 'destino' cósmico, la de una 'misión' personal y la de la 'felicidad' como consecuencia natural de la adecuación entre ellas. Para ello, recurrimos a fuentes sobradamente conocidas, pero cuya lectura no siempre se ha realizado atendiendo a estas categorías, de manera que en ciertos casos pueden resultar un tanto llamativas para el lector: sobre todo, el de Sócrates de Jenofonte, al cual se le ha prestado una atención inferior a la que, en mi opinión, merece. De hecho, es de su mano como hemos trazado un hilo conductor entre autores que, bajo la misma égida, comparten una percepción de la existencia humana, de su excelencia y de las altas cotas a las que está llamada, si acepta consumar su esencia más preclara. Así, el tránsito entre los nombres y las épocas (de Sócrates a Jenofonte, de este a Epícteto, a Séneca y Marco Aurelio, a San Agustín, a Francesco Petrarca y a Juan Luis Vives, con periódicas y frecuentes visitas al padre del humanismo occidental, Marco Tulio Cicerón) se produce sin esfuerzo, pues se trata de un desarrollo orgánico de unos valores y unos conceptos que beben directamente de la fuente del fundador de la antropología clásica: Sócrates.

En efecto, es en Sócrates donde hallamos la base de una reflexión que va a perdurar durante siglos: aquella que reconoce en el individuo concreto, en la persona, la instancia fundamental de la condición humana. Mientras que el pensamiento presocrático, cuando lo hacía, reservaba al hombre un papel genérico (cuando no lo degradaba a un títere de sus propios intereses mezquinos, como en el caso de los sofistas), Sócrates se presenta ante la historia en carne viva, sin disfraces teóricos ni circunloquios vergonzantes; es por ese motivo que no duda en glosar, en la *Apología* platónica, el itinerario personal que le llevó a adentrarse por el camino de la filosofía —entendida en sentido lato— y asumir una 'misión' que acabó llevándole a la muerte. Su testimonio se eleva al rango de parábola universal en la medida en que ofrece una pauta para comprender cuál es el sentido de su propuesta, que no es otra que la radical interiorización de todas aquellas categorías que, hasta entonces, insisto, habían permanecido en una suerte de limbo conceptual. Es cierto que el 'destino' ya era percibido y sufrido de un modo individual en la épica, en la lírica y en la tragedia, y los Siete Sabios ya habían proporcionado al pueblo griego un arsenal de preceptos útiles para manejarse en la vida, pero nadie, nunca, antes de Sócrates había expuesto con tanta claridad –bien es verdad que por boca de sus dos discípulos, Platón y Jenofonte– cómo dicha instancia, vivida hasta entonces como una fuerza arrolladora y hasta cierto punto amenazante, debía ser reinterpretada en una clave nueva, cómplice, amigable e incluso estimulante. (De hecho, a Sócrates no le castigan los dioses, sino... los hombres. Toda una inversión de la dialéctica habitual).

La lectura atenta de los pasajes de la *Apología* en que Sócrates expone el modo como se le hizo plenamente consciente su misión, a instancias del oráculo délfico, nos permitirá proyectar una fructífera luz acerca de la cuestión de la vocación personal en el contexto del humanismo occidental. Este libro es la crónica de cómo dicha cuestión cimenta todo el imponente palacio de nuestra tradición, hasta los albores mismos de la Modernidad, en la medida en que proporciona unas claves imbatibles para comprender una propuesta en la cual la existencia particular de cada persona, su aportación a la sociedad y del orden cósmico se sienten mutuamente concernidos y trabajan juntos en aras de una armonía final. "Todo conspira", anunció, con su característica contundencia, el agustino Hegel, cuando percibió la sutil corresponsabilidad de acontecimientos en apariencia contradictorios. Bien, si aceptamos –lo cual, para el hombre del siglo XXI, es mucho aceptar– la idea de que el cosmos está ordenado, y que el ser humano posee una función en él que va más allá de la del escarabajo o la hormiga, necesariamente encontraremos en la enseñanza impartida por Sócrates argumentos sólidos para entender por qué es así. La verdad es que, si es capaz de compartir un concepto tan etéreo como el de 'equilibrio ecológico', no veo por qué no podría incluir en él a la especie de la cual él mismo forma parte. (Seguramente sea su mala conciencia la que se lo impide).

De la mano de Sócrates se fragua toda una estirpe de pensadores que, leyéndose e intérpretándose los unos a los otros, logran cristalizar un mensaje al cual la aportación definitiva de los humanistas del Renacimiento imprime su configuración definitiva: es lo que en la actualidad conocemos con el nombre de 'humanismo occidental'. Se trata de una antropología integral, puesto que concierne a todos los ámbitos de la persona, dotada de un denso contenido ético y de una dimensión cívica innegable, muy atenta a la trascendencia sin sacrificar el valor intrínseco del mundo. El humanismo, transido por un ansia de armonía conmovedora, sintetiza además los dos grandes manantiales de la cultura occidental (Grecia y Roma, por un lado, y la Biblia por otro), hasta el punto de aunar aquello que a un ojo poco atento se podría antojar irreconciliable. Pero, desde el momento en que, para el humanista, nada de lo humano le es ajeno, se impone el deber moral de atender –y, en la medida de lo posible, acoger– aquello que han pensado y escrito quienes, en principio, se diría que no comparten nuestros criterios.

Esto es importante retenerlo: el humanista privilegia lo común por encima de las diferencias; así, ante un discurso discrepante, buscará lo que puede asemejarse a las propias tesis. Es su pulsión holística la que induce al humanista a prestar oído y tender la mano al hermano que no comulga con nosotros: en esto, es imposible no percibir un espíritu afín entre los estoicos romanos y los cristianos de todas las épocas y latitudes. Mucho más allá de los talentos con que personalmente hemos sido dotados (para unos, por Dios o los dioses; para otros, por la naturaleza), y del modo en que los hemos podido o querido desarrollar, importa la atención y el cuidado que nos prestamos los unos a los otros. La fraternidad es una de los pilares del humanismo clásico, y ello porque, como advertía Séneca, "el hombre es sagrado para el hombre". Un misántropo no tiene ningún derecho a hacerse llamar humanista. Al hermano que se equivoca, se le hace ver que vive en el error, no se le da la espalda. De ahí la suma importancia que el humanismo le ha concedido, desde sus orígenes, a la 'formación' (término que prefiero al de 'educación', tan pervertido), pues es en la adquisición y el manejo del saber como el hombre, la persona concreta, puede captar cuál es su vocación personal, y consumarla con éxito. Para el humanismo, abandonados a nosotros mismos no seríamos capaces de obtener las herramientas para conducirnos en la vida: precisamos del conocimiento —un conocimiento proporcionado por otros, claro está, pero también adquirido por nosotros mismos—, tanto de índole teorética como práctica, encaminado al perfeccionamiento interior, a la domesticación de las pasiones y de los impulsos, y a la recta conducción de nuestros actos y de nuestras palabras.

En pleno siglo XXI, cuando la cultura occidental muestra claros signos de putrefacción por haberle dado la espalda al humanismo clásico para entregarse acríticamente a las falacias de la Modernidad, el legado de los clásicos de la Antigüedad, convenientemente atendido y actualizado, sigue constituyendo un refugio y un arsenal de criterios sólidos para comprender el mundo y comprendernos a nosotros mismos. La pléyade de pensadores que componen la estirpe de Sócrates continúan proporcionándonos motivos para la reflexión acerca de la condición humana y para el autoconocimiento de nuestro lugar en el mundo. De la mano de los autores del pasado, nos percatamos de que lo sustancial permanece invariable y no debe ser sacrificado en el altar de lo efímero y transitorio. Al asomarnos al inmarcesible saber de los clásicos, nos reconocemos miembros de una gran familia que trasciende las épocas y pisotea las diferencias raciales, lingüísticas, ideológicas o de cualquier otro tipo. Que un barcelonés que reside en Sevilla pueda identificarse, sin apenas esfuerzo, con un griego que vivía bajo el Imperio Romano o con un italiano de finales de la Edad Media, debe darnos que pensar. Es el triunfo de la humanidad en cuanto comunidad de individuos que comparten un origen común pero que realiza su destino personal cada cual a su manera.

Frente a la obsesión patológica por las 'diferencias' de todo tipo que muestra el siglo XXI (cierto es que heredada del Romanticismo y su mostrenca divinización de lo 'endémico'), el humanismo clásico supone el último bastión de una universalidad bien entendida: no la que arrasa con su rodillo uniformizador y homogeneizador, sino la que percibe y preserva la singularidad irreductible de todos y cada uno de los individuos. Si Sócrates se erige en epítome del sujeto que, atento a la misión que le encomienda Apolo (el dios o el cosmos, táchese lo que ofenda a la propia sensibilidad), nos ofrece un vivo ejemplo de integridad personal y dignidad consumada, nosotros tenemos la oportunidad de inscribirnos en una corriente doblemente milenaria que, a un tiempo, nos consuela y nos exige: nos consuela porque, frente al absurdo de una existencia carente de finalidad, nos brinda una alternativa plena de sentido; y nos exige porque, para poder acceder a ella, debemos inmolar antes ese 'ego' diminuto al que nos apegamos como los niños a su chupete y, así, elevarnos hasta aquella altura en la cual, al fin, somos lo que debemos ser: personas libres y felices... como los dioses.

LA MISIÓN DE SÓCRATES

"Es ya hora de marchamos, yo a morir y vosotros a vivir. Quién de nosotros se dirige a una situación mejor es algo oculto para todos, excepto para el dios".

(*Apología*, 42a)

La historia, de tan conocida y glosada, permanece casi olvidada: Sócrates, acusado de impiedad y de corromper a los jóvenes, en lugar de defenderse ante los jueces de su ciudad (Atenas, faro del mundo civilizado) echando mano de argumentos, bien lógicos o retóricos, bien ocasionales o circunstanciales, opta por hacerlo con otros que pasarán a formar parte, ya para siempre, de la gran tradición vocacional de Occidente. De hecho, podemos considerarlo como uno de sus textos fundacionales, al menos, en lo que respecta al testimonio de dicha vocación en una clave estrictamente personal. Y es que Sócrates, lejos de atenerse a los cauces estrictos de la acusación formulada contra él –según las fuentes, por Ánito o por Meleto–, en su defensa reinscribe la cuestión en una dimensión inédita hasta entonces en el ámbito de la filosofía.

Insisto, la historia es conocida, y ha permanecido a la vista de todos durante siglos; aun así, dudo que se la haya comprendido como creo que merece. Veamos por qué. Para responder al duro reproche que se le formula, y que puede llevarle a la muerte, Sócrates demuestra ante todo conocer perfectamente la animadversión que despierta su persona entre ciertos círculos (a los cuales Aristófanes y otros comediógrafos se habían cuidado de enardecer, con mentiras y medias verdades), de manera que expone su verdad sin ambages, a modo incluso de confesión. Ad-

25

mite entonces que se le atribuye "cierta sabiduría" (*Apología*, 20d), la cual no versa sobre los astros o los meteoros, como en el caso de los jonios; o sobre los números o la música, como los pitagóricos; o sobre categorías abstrusas y abstractas, como los eleáticos; ni siquiera se enzarza en disquiciones peregrinas y sin salida con el único afán de prevalecer, como los sofistas, sino que se ciñe estrictamente a una "sabiduría propia del hombre", esto es: que se interesa por, y trata de atender a, aquellas cuestiones que le incumben a él, y sólo a él en cuanto hombre. Específicamente, su único propósito es el de, a través de ella, hacer mejores a sus conciudadanos, alentándoles a comportarse de manera virtuosa con el bien como única brújula: de modo que para el 'protohumanista' Sócrates (y quienes nos queremos creer herederos suyos), el conocimiento no será ya, en adelante, un mero acceso analítico al mundo para contemplarlo o transformarlo en nuestro provecho, sino un 'arte' mediante el cual indagar en uno mismo y mejorarse en beneficio propio y de los demás. A partir de Sócrates, pues, la sabiduría debería incorporar —otra cosa es que raramente lo hiciera— una dimensión cívica, en el sentido más noble, sin por ello dar en absoluto la espalda a la que posee en un plano intelectual (ontológico, gnoseológico y axiológico), espiritual y/o religioso.

Esta sabiduría, además, y esto es importante, no se la arroga él de manera presuntuosa y, digamos, 'autónoma', por su cuenta y riesgo, sino que enseguida será expuesta como una constatación, y no por parte de un cualquiera, sino "del dios que está en Delfos" (20e), es decir: de Apolo. Así, según el relato de Platón en la *Apología*, Querofonte "preguntó [al oráculo] si había alguien más sabio que yo. La Pitia le respondió que nadie era más sabio" (21a).

La reacción del propio Sócrates ante el oráculo es de estupor, incluso de incredulidad:

Tras oír yo estas palabras reflexionaba así: «¿Qué dice realmente el dios y qué indica en enigma? Yo tengo conciencia de que no soy sabio, ni poco ni mucho. ¿Qué es lo que realmente dice al afirmar que yo soy muy sabio? Sin duda, no miente; no le es lícito». Y durante mucho tiempo estuve yo confuso sobre lo que en verdad quería decir.

Ante el pronunciamiento del dios, a Sócrates se le plantea un dilema: ya que a Apolo "no le es lícito" mentir (la divinidad es la verdad, son dos caras de la misma moneda), y en la medida en que él mismo no es "consciente" de ser sabio (o sea, de saber que sabe; es más: si algo sabe es... que no sabe), se siente arrojado a un estado de auténtica incertidumbre existencial, ya que se le ha revelado algo que él creía tener claro, pero que en realidad desconocía. Experimenta en su interior una verdadera conmoción a la que resuelve poner término mediante la inquisición por el sentido del oráculo: "A regañadientes me incliné a una investigación del oráculo", o sea, a su *interpretación*. Con ello, Sócrates se está distanciando de una comprensión estrecha de la relación del hombre con la divinidad, a la cual bastaría con obedecer en su literalidad sin cuestionarla, y emprende un camino que reconocemos como propio: a nosotros, los occidentales del siglo XXI, tampoco nos basta con acatar sumisamente la voz de la autoridad (sea la que sea), sino que hemos de hallar el sentido de sus disposiciones para hacerlas nuestras y actuar en consecuencia. Sócrates también 'necesita' descifrar el oráculo, aproximar cielo y tierra, dios y hombre, en una simbiosis significativa que no le aparte de la verdad en nombre de una mal entendida libertad, pero que tampoco reduzca esta a una traslación inerte de las instrucciones del más allá.

Así pues, Sócrates se dispone a emprender su particular *quête* en busca del sentido profundo del oráculo, que al cabo ya es el de su propia existencia.

Comienza el ateniense dirigiéndose a los que se estima por 'sabios' en la ciudad, pero al departir con ellos (en unos términos que bien pueden asimilarse a los que exponen Platón o Jenofonte en sus diálogos socráticos), enseguida constata que no se lo parecen en absoluto. Cierto es que no se detiene el autor en detallar cuáles son sus discrepancias, ni qué entiende él mismo por 'sabiduría' que tan alejada se encuentra de la que aceptan sus conciudadanos; en cualquier caso, lo cierto es que no poseen la misma comprensión de cuál es el contenido del 'saber' ni del modo en que es preciso traducirlo en nuestra conducta, tanto personal como colectiva. La naturaleza de la llamada 'sabiduría socrática' es bien conocida: se basa en la admisión de la propia ignorancia, aunque en realidad sería mejor decir en la de los límites insoslayables del conocimiento humano, el cual (deducimos) nunca podrá alcanzar una verdad última y definitiva, sino que tendrá que conformarse con acercamientos parciales. Pero esto se hará evidente más tarde.

A pesar de la decepción que dice sentir Sócrates al constatar la nula sabiduría 'real' de la que adolecen los tenidos por sabios, el filósofo no desiste, al revés; dice: "me parecía necesario dar la mayor importancia al dios. Debía yo, en efecto, encaminarme, indagando qué quería decir el oráculo, hacia todos los que parecieran saber algo". La exigencia de dilucidar el fondo del mismo se muestra ya perentoria, pues Sócrates se enfrenta a una perspectiva acuciante, cuando no pavorosa: la de descubrir que ha vivido hasta entonces errado por completo, creyendo que no sabía cuando, según el dios, era el más preclaro de los sabios. Es tanto como aceptar que no te conocías a ti mismo, que estabas instalado en el engaño, teniendo por ignorancia la sabiduría y viceversa... Y recordemos que una de las máximas irrebasables para cualquier griego clásico es la que figuraba en el frontón del santuario de Delfos: γνωθι σεαυτόν... Quien no se conoce a sí mismo vive en una realidad inauténtica, de falsas apariencias y valores inestables, dando por bueno lo malo y por malo lo bueno: en un mundo cabeza abajo, en suma.

De manera que a Sócrates, como más tarde a Diógenes el cínico, no le queda más remedio que seguir buscando... ya no a un hombre... sino a uno (¡al menos, uno!) que atesore la sabiduría que él no reconoce en sí mismo, "a fin de que el oráculo fuera irrefutable para mí". No es posible para el hombre clásico vivir en el desgarro entre lo querido por los mortales y lo dispuesto por los inmortales: si alguien está equivocado... son los primeros: bien lo sufrieron quienes no lo entendieron así, como ilustran las tragedias griegas. Lo que Sócrates tiene en mente, sin duda, no es refutar al dios (¿qué clase de griego sería él, entonces? ¿un maldito sofista?), sino 'entender' de manera correcta el concepto de 'sabiduría' –pues es evidente que el que había manejado hasta entonces era falso– y, en consecuencia... a sí mismo.

Bien, en el peregrinar de Sócrates por la ciudad en busca de un auténtico sabio que le permita dilucidar en qué consiste la verdadera sabiduría que el dios ha dispuesto que él mismo atesora de manera eminente, "tras los políticos me encaminé hacia los poetas, los de tragedias, los de ditirambos y los demás, en la idea de que allí me encontraría manifiestamente más ignorante que aquellos". Sin embargo, platicando con estos enseguida comprueba que "no hacían por sabiduría lo que hacían, sino por ciertas dotes naturales y en estado de inspiración como los adivinos y los que recitan los oráculos"; vale decir: sin la lucidez autorreflexiva necesaria para poder responder de una manera consciente de sus composiciones. Aunque los poetas "dicen muchas cosas hermosas, no saben nada de lo que dicen": son meros transmisores de las musas. Pero, más grave aún, por el hecho de mostrarse naturalmente dotados para la poesía "creían también ser sabios respecto a las demás cosas sobre las que no lo eran"; algo parecido a cuando los artistas del siglo XXI firman manifiestos defendiendo tal o cual consigna política... En los poetas, pues, Sócrates no encuentra el agua que sacie su sed de verdad.

Ya desesperado, se encamina hacia el gremio de los artesanos, los cuales, en efecto, "sabían cosas que yo no sabía y, en ello, eran más sabios que yo", aunque cometían el mismo error que los poetas: "por el hecho de que realizaban adecuadamente su arte, cada uno de ellos estimaba que era muy sabio también respecto a las demás cosas, incluso las más importantes, y ese error velaba su sabiduría". Esto es así, sin duda, porque el dominio técnico de una materia concreta no supone estar en posesión de un criterio que, para poder ser reconocido como 'sabiduría', ha de ser general, válido para cualquier campo... lo cual no ocurre en este caso, ni en los anteriores, claro está,

Llegado a este *cul-de-sac*, en el cual ningún hombre se muestra (a los ojos de Sócrates, claro) merecedor del calificativo de 'sabio', a pesar de jactarse de serlo, mientras que él mismo (a los ojos del dios, lo hemos visto) sí lo es, aunque crea lo contrario, no queda más que dar un salto argumental de una gran envergadura, y es el de admitir que lo que entendemos los humanos por 'sabiduría', en realidad... no lo es.

> Es probable, atenienses, que el dios sea en realidad sabio y que, en este oráculo, diga que la sabiduría humana es digna de poco o de nada. Y parece que éste, al hablar de Sócrates, se sirve de mi nombre poniéndome como ejemplo, como si dijera: «Es el más sabio, el que, de entre vosotros, hombres, conoce, como Sócrates, que en verdad es digno de nada respecto a la sabiduría» (23a).

Nos aproximamos así al núcleo 'duro' del pensamiento socrático, el cual (a despecho de lo que cuentan los manuales de historia de la filosofía) no resulta en absoluto innovador respecto a la concepción tradicional griega, según la cual los dioses son los auténticos detentores del conocimiento, mientras que los mortales debemos conformarnos con una mera aproximación al umbral de la verdad. No hay duda alguna: si para Apolo el único sabio merecedor de tal nombre es Sócrates, es porque él sí que sabe que "la sabiduría humana es digna de poco o nada"; de hecho, así lo había creído siempre, aunque al escuchar el oráculo padeció un episodio de ofuscación transitoria. No, Sócrates no estaba equivocado, siempre vivió en lo cierto: en la convicción de que lo que puede llegar a conocer un ser humano es "poco o nada" respecto a lo que entendemos por "verdad", la cual ha de ser total, completa y absoluta... (algo de lo que Platón acabará prescindiendo en su propia trayectoria filosófica, y con él legiones de pensadores de mayor o menor calado, al contemplar la posibilidad de que los hombres accedan, de la mano de la diálectica, al auténtico conocimiento). Esta visión limitada de la capacidad del conocimiento humano comparada con la de Dios no es distinta a la que, siglos después, defenderá Michel de Montaigne en otra apología: la de Raimundo de Sabunde (o Ramón Sibiuda)... y, antes y después de él, legiones de eclécticos y escépticos, desde Cicerón hasta Francisco Sánchez.

La comprensión, por parte de Sócrates, del auténtico sentido del oráculo délfico acerca de su propia condición de 'sabio', es la que permite que aquello que, hasta entonces, se había limitado a su experiencia personal, se transforme en un servicio activo y consciente en relación con la comunidad. Ya no se ha de conformar con asumir su propia ignorancia respecto a la auténtica sabiduría (que es divina), sino que debe salir a las calles a desenmascarar a quienes se hacen pasar por sabios, sin ser otra cosa que usurpadores; porque, ¿qué otro nombre merece aquel que se hace pasar por lo que no es y pretende que los demás crean que sabe lo que no sabe? ¡Un auténtico majadero! Más aún: un peligro social... Pues una ciudad en la cual cunden los falsos sabios (como entiende Sócrates que eran los sofistas, expertos en hacerse pasar por lo que no eran y, para colmo de males, en enseñar a otros a imitarles) está, realmente, fuera de la realidad, lejos de la verdad y de espaldas al dios... por mucho que siga cumpliendo con los ritos consuetudinarios. De modo que Sócrates, plenamente convencido de que debe interceder en favor de la sabiduría, se va a dedicar en lo sucesivo a convertirse en azote de farsantes:

> Ahora, voy de un lado a otro investigando y averiguando en el sentido del dios, si creo que alguno de los ciudadanos o de los forasteros es sabio. Y cuando me parece que no lo es, prestando mi auxilio al dios, le demuestro que no es sabio. (23a)

Esta tarea de higiene social e intelectual pronto prende entre ciertos jóvenes que le imitan, de manera que Sócrates se convierte en líder de un movimiento de vigilantes de la salud pública, al menos en lo que atañe a las materias intelectuales y religiosas; en ciertos aspectos, el ateniense parece anticiparse a Nuestro Señor Jesucristo en esa antipática pero necesaria tarea de fustigar a los fariseos de la verdad:

> Los jóvenes que me acompañan espontáneamente –los que disponen de más tiempo, los hijos de los más ricos– se divierten oyéndome examinar a los hombres y, con frecuencia, me imitan e intentan examinar a otros, y, naturalmente, encuentran, creo yo, gran cantidad de hombres que creen saber algo pero que saben poco o nada. (23c)

Esto es lo que podría explicar, en su opinión, la acusación de ejercer una mala influencia sobre la muchachada: "los examinados por ellos se irritan conmigo, y no consigo mismos, y dicen que un tal Sócrates es malvado y corrompe a los jóvenes".

Ahora bien –y entramos así en la segunda fase del discurso socrático ante el tribunal–, a pesar de ser plenamente consciente de la antipatía que suscita su actitud y la de sus discípulos entre sus conciudadanos atenienses, Sócrates no está dispuesto en ningún caso a deponerla. Y es que hacerlo sería tanto como desobedecer al dios, quien espera de él que haga un correcto uso de esa sabiduría que le ha reconocido y la traduzca en una corrección severa de los abusos que está padeciendo por parte de los farsantes:

> En efecto, atenienses, obraría yo indignamente, si, [...] al ordenarme el dios, según he creído y aceptado, que debo vivir filosofando y examinándome a mí mismo y a los demás, abandonara mi puesto por temor a la muerte o a cualquier otra cosa. (28d)

A Sócrates, el oráculo no solo le ha permitido conocer qué es lo que espera el dios de él, sino cómo debe corresponderle de manera irrenunciable. Al identificarlo como 'sabio', Apolo le ha "ordenado" (y él ha "creído y aceptado", o sea: ha hecho propio ese dictamen) que, en adelante, viva "filosofando" y "examinando", que son una y la misma cosa... pues, como advertirá en otro pasaje, "una vida sin examen no tiene objeto vivirla para el hombre" (38a). Sócrates de ningún modo puede desoír dicha 'orden', porque en tal caso sí estaría comportándose como un hombre impío y, además, indigno. Pero es que dicha misión no debe limitarse a un constante ejercicio de autoconocimiento personal y privado, sino que ha de hacerse extensivo a la totalidad de la *polis*: como griego, como epítome del hombre clásico y como maestro de futuros humanistas, su compromiso consigo mismo y el servicio a la comunidad van de la mano, porque el individuo únicamente tiene derecho a ser reconocido como humano en la medida en que se inscribe en el todo... y ese todo pasa, en primer término, por la ciudad, metonimia del cosmos. (Con permiso de cínicos y epicúreos, habrán de pasar todavía muchos siglos para que sea concebible la existencia de un hombre al margen de los demás, incluso orgullosamente enfrentado a ellos). Tan imbuido está Sócrates de esa misión que, ante la perspectiva de tener que elegir entre seguir llevándola a cabo o perecer en acto de servicio, sin duda elige lo segundo:

> Si el tribunal le diera la opción de absolverle a cambio de deponer su actitud, Sócrates dice que les diría: «Yo, atenienses, os aprecio y os quiero, pero voy a obedecer al dios más que a vosotros y, mientras aliente y sea capaz, es seguro que no dejaré de filosofar, de exhortaros y de hacer manifestaciones al que de vosotros vaya encontrando, diciéndole lo que acostumbro: [...] le voy a interrogar, a examinar y a refutar, y, si me parece que no ha adquirido la virtud y dice que sí, le reprocharé que tiene en menos lo digno de más y tiene en mucho lo que vale poco. Haré esto con el que me encuentre, joven o viejo, forastero o ciudadano, y más con los ciudadanos por cuanto más próximos estáis a mí por origen. Pues, esto lo manda el dios, sabedlo bien, y yo creo que todavía no os ha surgido mayor bien en la ciudad que mi servicio al dios. En efecto, voy por todas partes sin hacer otra cosa que intentar persuadiros, a jóvenes y viejos, a no ocuparos ni de los cuerpos ni de los bienes antes que del alma ni con tanto afán, a fin de que ésta sea lo mejor posible. [...] Dejadme o no en libertad, en la idea de que no voy a hacer otra cosa, aunque hubiera de morir muchas veces" (29d-30c).

Conviene prestar la máxima atención a este pasaje, y a la glosa que el propio Sócrates realizará del mismo. Dice Sócrates: "Yo soy precisamente el hombre adecuado para ser ofrecido por el dios a la ciudad" (31a). Vamos por partes. El dios "ofrece a la ciudad" a un "hombre adecuado" para una misión, en este caso, la de desenmascarar a los falsos sabios. Lógicamente, es una función reservada a unos pocos, pues no sería concebible una ciudad en la que todos sus habitantes limitaran su contribución al bien común a examinarse los unos a los otros (de hecho, sería una pesadilla que, en el siglo XXI, las redes sociales están a punto de convertir en realidad); se necesitan hombres idóneos para desempeñar todas aquellas tareas que requiera la *polis* en función de su tamaño y complejidad. Importa especialmente retener la idea de que el dios es el que "ofrece" esos hombres a la comunidad; no les deja a su albur, de manera que cada cual dirima qué tarea quiere desempeñar, en virtud de su criterio personal o, por qué no, de su capricho del momento. No: el dios de Delfos, Apolo (en otras épocas y latitudes serán Zeus, Júpiter, Yahvé, Dios, Alá), es quien determina qué lugar ocupa cada persona en el todo. Vemos aquí, de forma notoria, la traslación directa de la noción arcaica de μοῖρα, según la cual el destino personal no está en nuestras manos, o no exclusivamente, sino que existe una disposición superior que, aunque de un modo difuso a nuestros ojos, organiza el cosmos humano como también lo hace con el natural. Esta idea, que repugna al hombre moderno –al cual le gusta creerse dueño y señor, nada menos, que de su destino–, es característica del hombre clásico... a excepción hecha de algunos presocráticos, de los sofistas y de los epicúreos, para quienes todo es, en última instancia, azar e indeterminación. Bien, pues para Sócrates, que de impío no tenía nada, sino más bien lo contrario, la última palabra acerca de su destino personal está en manos... del dios. Apolo es quien ha dispuesto qué papel ha de desempeñar en la ciudad, y Sócrates no es, literalmente, nadie para contradecirle; es más, una vez ha sido capaz de *interpretar* de manera adecuada el sentido del oráculo, lo ha erigido en una suerte de divisa existencial, de una *misión*, hasta el punto de consagrar su vida entera al servicio al que le conmina Apolo, y a un coste elevado:

el de renunciar al cuidado de sus propios intereses para velar por la salud moral de sus semejantes.

> En efecto, no parece humano que yo tenga descuidados todos mis asuntos y que, durante tantos años, soporte que mis bienes familiares estén en abandono, y, en cambio, esté siempre ocupándome de lo vuestro, acercándome a cada uno privadamente, como un padre o un hermano mayor, intentando convencerle de que se preocupe por la virtud. (31a)

En cualquier caso, que Apolo "ofrezca" a Sócrates a la ciudad, y no lo "imponga", y que sea el propio Sócrates quien tenga que "creer y aceptar" dicha misión para poder llevarla a cabo, de manera que perfectamente podría declinarla y seguir con su vida de todos los días, indica que algo ha cambiado en Grecia: la libertad personal se ha abierto paso en un contexto cultural en el cual, hasta entonces, esta había colisionado frontalmente contra los decretos inflexibles de los dioses, acarreando una dura condena a quien osaba desafiarlos (de nuevo las tragedias, especialmente las de Esquilo, son el mejor testimonio de una cosmovisión profundamente arraigada en el imaginario helénico). Cierto es que los sofistas ya habían impugnado las bases de esta concepción jerárquica según la cual los hombres están en manos de los dioses, y su cometido es el de acatar sus disposiciones. Sócrates, por su parte, se ubica en un punto equidistante entre uno y otro polo: ni renuncia al ejercicio de su libertad personal, ni niega la supremacía del dios sobre el orbe entero y, por supuesto, su propia ubicación en él. Sea como fuere, para nuestro sabio no hay duda alguna de que debe "aceptar" lo que Apolo ha dispuesto para él, con lo cual se adscribe a la percepción tradicional griega, en oposición a las innovaciones sofísticas.

Cierto es que esta sumisión al decreto del dios no es automática, sino que antes —como hemos visto— él ha tenido que sopesar y contrastar personalmente el contenido del oráculo, interpretando su sentido: no fue hasta que entendió cuál era esa 'sabiduría' que se le atribuía, y que él jamás había creído que tenía, cuando estuvo en disposición de echarse a la espalda la tarea que le ha llevado al borde de la ejecución, y que por su negativa a abandonarla le acarreará la muerte. En esta simbiosis de sentido de la trascendencia y libertad personal encontramos la clave de bóveda sobre la que descansa la tradición vocacional de Occidente: sin una autoridad exterior que ejerza sobre el individuo una ascendencia irrenunciable, por un lado, y sin una voluntad individual que le reconoce el derecho a determinar cuál es la misión que ha de desempeñar en el mundo, al precio que sea, por otro, no podemos hablar de vocación. Es precisamente en la síntesis de *llamada* por parte del dios y *respuesta* por parte de Sócrates como se 'realiza' en el mundo de los mortales lo que se ha dispuesto en el plano de los inmortales. La cooperación, pues, resulta imprescindible: un cosmos en el cual los dioses dispusieran a su antojo del individuo sería literalmente inhumano (de hecho, en la Grecia arcaica así es cómo se sienten los hombres: como un juguete en manos de fuerzas que no aciertan a comprender), mientras que si prescinde de los dioses para determinar su lugar en el mundo, como hacían entonces los sofistas y hacen ahora los modernos, se está privando de conocer y ocupar el espacio que le está reservado a él, y sólo a él. Se trata de un equilibrio perfecto, porque conservamos nuestra capacidad de aceptar o rechazar la misión que los dioses (... o el destino... o la providencia... o el cosmos...) nos tienen deparada, sin entregarnos por ello a una errancia donde, en teoría al menos, cualquier cosa nos estaría permitida porque todo sería, al cabo, irrelevante.

Ahora bien, aunque el coste de asumir la misión encomendada pueda ser elevadísimo –y el precio puede suponer, en los casos más extremos, la muerte–, el de no hacerlo resulta, comparativamente, ruinoso. Porque no hay nada peor para un ser humano que arrostrar una existencia desprovista de una inscripción cósmica, de un papel propio, sustantivo y necesario, en la tragicomedia de la vida. Y esa es, si lo pensamos bien, la tesitura en la que se encuentra el hombre del siglo XXI...

UN SABER PARA LA VIDA

> Un individuo que no examina lo mejor, sino que busca
> por todos los medios hacer lo más agradable, ¿en qué se
> diferencia de la más irracional de las alimañas?
>
> (*Recuerdos de Sócrates*, IV, 5, 11)

De haberse contentado con ejercer un papel de simple policía
conceptual, afeando a sus conciudadanos el jactarse de una sabiduría que no poseían para reservársela al dios, Sócrates no
solo no habría pasado a la historia de la cultura universal, sino
que seguramente ni siquiera habría sido procesado y ejecutado.
No, Sócrates no fue un mero tábano insidioso, remilgado y pi-
cajoso: tenía una propuesta consistente que compartir con sus
semejantes, y a ello dedicó todos sus esfuerzos.

Los testimonios directos acerca de sus enseñanzas no son muchos, y proceden, como se sabe, de dos fuentes principales,
Platón y Jenofonte, ya que las demás se han perdido y la tradición posterior no es fiable. Aunque hasta fecha muy reciente
en los círculos académicos se prefería al primero, por estimarlo
más sensible a los conceptos abstractos del ateniense, lo cierto
es que poco a poco se ha acabado asumiendo que sus respectivas obras son, antes que nada, una exposición doctrinal de las
perspectivas de sus autores y que, como afirma Antonio Tovar
en su *Vida de Sócrates*, "las *Memorables* son tan poco histó-
cas como los diálogos" de Platón. Esto no tiene nada de particular, pues el propósito de sus responsables no era el de brindar
una biografía en el sentido moderno, basada en datos fehacien-
tes, sino trasmitir, filtrado por sus propias idiosincrasias, un legado de carácter integral: intelectual, sí, pero también intensa-
mente humano.

Siendo así, cabe elegir: ¿optamos por el camino que decidió emprender Platón, fraguando lo que con el tiempo acabaría por conocerse con el nombre de 'filosofía' como una disciplina articulada, de gran contenido especulativo pero una proyección ética y social, sí, sumamente limitada? ¿O preferimos decantarnos por Jenofonte, más comprometido con las urgencias prácticas de la existencia cotidiana? ¿Marta o María? La eterna disyuntiva... que, en realidad, oculta una falacia: a despecho de los reproches que recibió a lo largo del siglo XX, la percepción de Sócrates por parte de Jenofonte no es tan ramplona como se ha querido (hacer) creer y, en cualquier caso, no deja de ser una dimanación natural de las enseñanzas socráticas, las cuales, no lo olvidemos, aspiraban a hacernos mejores personas, y no individuos provistos con un arsenal de meros conocimientos teoréticos. (Seguramente, tras la condescendencia con que, desde el ámbito de la filosofía, se ha arrinconado el legado de Jenofonte se deba a que, en el fuero interno de los filósofos, late una íntima sospecha... incluso cierta sombra de culpa. Pero no es este el momento ni el lugar para tumbarles en el diván. Todo llegará).

¿Sobre qué base es posible seguir afirmando que el Sócrates de Platón es más fiel al real, solo porque se entrega a divagaciones abstrusas (y, en no pocas ocasiones, un tanto peregrinas y hasta, si me apuran, inocuas), mientras que el de Jenofonte le rebajaría al nivel de un humilde "educador de la ciudadanía"? Uno se la juega en la respuesta a esta pregunta crucial. Al final, se trata de dilucidar si el saber es un fin en sí mismo o un instrumento (de hecho, el único válido) para conducir nuestra vida por el cauce más correcto, al basarse en la virtud, la justicia, la verdad y la honestidad con uno mismo y con los demás. Claramente, los filósofos de todas las épocas se inclinan por la primera opción; el humanista —entendiendo el concepto por aquel amante de las letras y del pensamiento que los emplea como un medio para alcanzar un fin: el de la excelencia espiritual, intelectual y social–, por la segunda. Que el propio Sócrates, de haber podido leerlas, se habría sentido mejor 'representado' en las páginas de los *Recuerdos* que, por ejemplo, en las de la *República*, es una idea que no me puedo quitar de la cabeza: uno abjura con más facilidad de una teoría que de toda una forma de vida, que al final fue lo que le condenó a la cicuta.

Pero dejémonos de fantasear. Vayamos a los textos mismos: *ad fontes!* En cuanto uno se sumerge en la lectura de los libros de Jenofonte, y especialmente en los denominados 'socráticos' (*Memorabilia, Banquete, Apología, Económico*), enseguida se percibe un reconfortante calor humano. Los debates son interesantes y fecundos, no una parodia; los términos empleados, inteligibles; los circunloquios, escasos; los 'elencos', raros; las trampas retóricas, casi inexistentes. Sí, es 'nuestro' Sócrates, el que habíamos conocido en el *Laques*, el *Lisis* o el *Eutifrón*: pícaro, astuto, socarrón... imprevisible; ahora bien, descubrimos en él un talante más comprensivo, una escucha más atenta, un empeño menos denodado por abrumar a su interlocutor con cuestionamientos intempestivos encaminados a dejarle en evidencia. El Sócrates de Jenofonte es un maestro metido en faena pedagógica, de hoz y coz. De hecho, el propio Jenofonte se esfuerza en hacernos llegar una imagen vívida de él, carismática pero desprovista de ceremoniosidad, recreando lo que podía ser su día a día en el ágora ateniense, sin énfasis innecesarios:

> Sócrates siempre estaba en público. Muy de mañana iba a los paseos y gimnasios, y cuando la plaza estaba llena, allí se le veía, y el resto del día siempre estaba donde pudiera encontrarse con más gente. Por lo general, hablaba, y los que querían podían escucharle. (I, 10, 3)

Es decir, ni rastro del ridículo personaje encerrado en el "pensadero" (φροντιστήριον) que dibujó Aristófanes en sus *Nubes*, ¡todo lo contrario! Podría decirse que, de vivir en el siglo XXI, Sócrates se pasaría el día en redes sociales, reprobando la conducta de sus conciudadanos... algo al alcance de muy pocos y, por supuesto, muy lejos del de los filósofos profesionales: hay que ser muy generoso y sacrificado para bajarse de la torre de marfil (o salir de la academia o del liceo) para ensuciarse las manos en una tarea pedagógica tan ingrata como la de corregir a un igual, sin mirarle desde arriba ni cobrarle (como los sofistas de entonces y los profesores de ahora) por participar del ágape de la sabiduría.

Enseguida perfila Jenofonte el carácter de las disquisiciones socráticas, las cuales, lejos de dejarse llevar por el fragor del debate (Sócrates no era un charlista), siempre acaban desembocando en consideraciones de carácter general, conceptual, en torno a los temas que preocupan –o deberían preocupar– a los hombres de todas las épocas, en lugar de discurrir acerca de los astros, como hacían los jonios:

> Él siempre conversaba sobre temas humanos, examinando qué es piadoso, qué es impío, qué es bello, qué es justo, qué es injusto, qué es la sensatez, qué cosa es locura, qué es valor, qué cobardía, qué es ciudad, qué es hombre de Estado, qué es gobierno de hombres y qué un gobernante, y sobre cosas de este tipo, considerando hombres de bien a quienes las conocían, mientras que a los ignorantes creía que con razón se les debía llamar esclavos. (1, 16)

Importa destacar el que, frente a la inicial presentación que hacía Sócrates de sí mismo durante el juicio descrito por Platón en la *Apología*, en la cual se degradaba a la condición de mero ignorante, en las obras de Jenofonte muestra una inequívoca confianza tanto en su propio saber como en la capacidad de cualquier individuo de alcanzarlo. Que para Sócrates el conocimiento es la clave de bóveda de la dignidad humana queda meridianamente claro en los *Recuerdos* de Jenofonte, pues es una idea recurrente que el autor se cuida muy mucho de enfatizar, unas veces de pasada, otras dedicándole una extensión considerable, como luego veremos. En este pasaje del libro III, durante una plática con Glaucón, Sócrates (o, si lo preferimos, "el Sócrates de Jenofonte") expone lo que podríamos considerar una síntesis perfecta acerca de esta cuestión, en unos términos preñados de sentido común:

> ¿Es que no te has dado cuenta de lo resbaladizo que es hablar y decir lo que no se sabe? Piensa, por las personas que conoces de esas características, que evidentemente dicen y hacen lo que no conocen, si te parece que por su actitud consiguen más elogios que censuras y si crees que son más admirados que despreciados. Piensa, por otra parte, en los que saben lo que dicen y lo que hacen, y te darás cuenta, en mi opinión, de que en todas las circunstancias los que reciben la gloria y la admiración están entre los que más saben, mientras que se habla mal y se desprecia a los más ignorantes. Por consiguiente, si deseas conseguir gloria y admiración en la ciudad, esfuérzate en conseguir saber lo mejor posible aquello en lo que estés dispuesto a trabajar, pues si llegas a destacar en ello sobre los demás y entonces intentas tomar las riendas de la ciudad, no me extrañaría que con la mayor facilidad llegues a conseguir lo que deseas. (III, 6, 16-18)

Sin duda alguna, este encomio del conocimiento como método para acceso al éxito y el reconocimiento social sorprenderá a quienes, habituados al carácter algo taciturno de los diálogos platónicos, esperan del maestro ateniense una conducta más propia de un filósofo existencialista, descuidado del mundo y sus rugidos. Pero Sócrates no es un filósofo: es, si se me permite el anacronismo, un 'humanista', en la medida en que para él la dimensión cívica del saber resulta crucial. Así, le advierte a Cármides:

> No te desentiendas más de los asuntos públicos, si es que pueden marchar mejor por obra tuya. Porque si van bien, no sólo los otros ciudadanos sino también tus amigos y tú mismo os beneficiaréis no poco. (III, 7, 9)

La referencia de Sócrates a la 'utilidad' y el 'beneficio' es constante en las obras de Jenofonte: "si me estás preguntando si conozco alguna cosa buena que no sea buena para nada, ni la sé ni la necesito" (III, 8, 3); "todo cuanto utilizan los hombres se considera hermoso y bueno respecto a aquello para lo que tengan utilidad" (III, 8, 5); "todas las cosas son buenas y hermosas para el fin al que convienen y malas y feas para lo que no convienen" (III, 8, 6)... ¡Normal, que la tradición filosófica haya dado la espalda al Sócrates de Jenofonte! Un maestro del pensamiento preocupándose por lo útil y lo provechoso... ¡qué vulgaridad! No sería hasta el advenimiento del pragmatismo que empezaría a cambiar la percepción de los filósofos académicos respecto a un concepto tan denostado; pero ya era demasiado tarde: siglos de cultivo exento y sublime del pensamiento habían apartado a la filosofía de la sociedad para siempre.

Pero entender y aceptar la dimensión social del conocimiento, así como su relevancia para la consecución de una existencia plenamente humana, regida por principios firmes y certeros, no es en absoluto un asunto baladí. Se lee en los *Recuerdos*:

> Una vez que alguien le preguntó cuál creía que era la mejor ocupación para un hombre, respondió: «Obrar bien». Y al volverle a preguntar si creía que la buena suerte también era una ocupación, dijo: «Creo que la suerte y la actividad son entre sí todo lo contrario, pues creo que es tener buena suerte encontrar alguna de las cosas necesarias sin buscarla, mientras

que si alguien obra bien *a fuerza de aprendizaje y estudio*, lo considero buena conducta, y los que se dedican a ello creo que obran bien». Decía que los más gratos a los dioses eran en la labranza los que hacían bien sus trabajos agrícolas, en medicina sus deberes médicos, y en política sus funciones cívicas. *Pero el que no hacía nada bien decía que no era ni útil para nada ni grato a los dioses.* (III, 9, 14) La cursiva es mía.

Es decir, la virtud (y entiéndase esta en su doble vertiente, teorética y práctica) es fruto del aprendizaje y del estudio, de manera que depende –al menos, en gran parte– de nuestro esfuerzo personal el llegar a buen término en aquello que tenemos entre manos en cada momento: sí, también arar la tierra, llegado el caso. Al fin y al cabo, la dignidad del hombre depende exclusivamente de obrar correctamente y de manera plenamente consciente, 'sabiendo lo que se hace' (y no al socaire de los vientos), sea cual sea la ocupación que cada cual asuma en la ciudad. ¡Otra afrenta al dogma clasista platónico (y aristotélico)! Y ya son legión.

Llegados a este punto, que el libro IV de los *Recuerdos* funcione a modo de tratadillo en torno a la pedagogía (en sentido amplio) no debería sorprendernos: es más, llega en el momento oportuno. Y es que de poco nos servirían a nosotros y a la ciudad los cánticos en honor al saber y a su utilidad si no descendemos de la estratosfera conceptuosa y concretamos los términos en que deben traducirse. Vamos a ello.

Comienza Jenofonte enfatizando lo conveniente que resultaba para cualquier ateniense escuchar a Sócrates, pues de ello obtenía un beneficio personal el cual, sin duda alguna, debía revertir en el de la comunidad:

Tan útil era Sócrates en toda circunstancia y en todos los sentidos, que para cualquier persona de mediana sensibilidad que lo considerase era evidente que no había nada más provechoso que unirse a Sócrates y pasar el tiempo con él en cualquier parte y en cualesquiera circunstancias. Incluso su recuerdo cuando no estaba presente era de gran utilidad a los que solían estar con él y recibir sus enseñanzas, pues tanto si estaba de broma como si razonaba con seriedad hacía bien a los que le trataban. (1, 1)

Para el Sócrates de Jenofonte, sin embargo, no todos sus oyentes eran 'iguales', como si se tratase de un público despersonalizado, aunque sí mereciesen la misma atención en cuanto interlocutores suyos. De hecho, el maestro centra sus esfuerzos pedagógicos en aquellos en los que detecta una aptitud especial, pues son ellos quienes deben ser formados con mayor escrúpulo y responsabilidad:

> No se dirigía, sin embargo, a todos por igual, sino que a quienes pensaban que gozaban de una buena disposición natural y despreciaban la enseñanza les explicaba que las que pasan por ser las mejores naturalezas son las que más educación necesitan. (1, 2)

La formación (παιδεία), tan importante para el hombre griego, resulta fundamental −y no solo para el Sócrates de Jenofonte−, tanto durante la infancia como a lo largo de toda la vida:

> Los hombres con mejores disposiciones naturales, con mayor fuerza de espíritu y eficaces al máximo en lo que emprenden, si se les educa e instruye en lo que tienen que hacer resultan excelentes y utilísimos, pues llevan a cabo los más numerosos y mejores servicios, pero si no se les educa ni se les instruye, son los peores y los más dañinos: *no saben discernir lo que tienen que hacer*, se lanzan a muchos negocios funestos, y como son altivos y violentos, resultan difíciles de manejar y de disuadir, con lo que causan muchos y terribles males. (1, 4) La cursiva es mía

La importancia de la instrucción para la persona es tal que, sin ella, un rico solo merece conmiseración, pues su aparente poder tiene una base sumamente frágil:

> Ahora bien, en cuanto a los que se enorgullecen de su riqueza y piensan que no necesitan ninguna educación, porque creen que les basta su dinero para conseguir cuanto se propongan y recibir honores de la gente, les hacía entrar en razón diciéndoles que *es un insensato el que cree que sin instrucción puede distinguir las acciones útiles y las perjudiciales*, y un estúpido el que sin tener capacidad para hacer esta distinción cree que con su dinero puede conseguir lo que quiera y hacer lo que le conviene. (1, 5) La cursiva es mía.

Ahora bien, tan importante o más que recibir los conocimientos necesarios para llegar a ser el hombre excelente (útil en el sentido más noble de la palabra) en el que uno está llamado a convertirse, es el conocerse a uno mismo, pues solo en la medida en que sabemos de qué somos capaces, y qué espera el dios de nosotros, podremos estar a la altura de nuestra misión más propia, al igual que lo estuvo Sócrates al interpretar y obedecer el oráculo délfico. Quien ni estudia ni se estudia está dándole la espalda a esa llamada mediante la cual el dios nos comunica cuál es nuestro 'lugar bajo el sol'.

> Los que se conocen a sí mismos saben lo que es adecuado para ellos y disciernen lo que pueden hacer y lo que no. Haciendo únicamente lo que saben, se procuran lo que necesitan y son felices, mientras que se abstienen de lo que no saben, con lo cual no cometen errores y evitan ser desgraciados. [...] En cambio, los que no se conocen y se engañan sobre sus propias posibilidades, se encuentran frente a las demás personas y situaciones humanas en la misma situación que consigo mismos, y *ni saben lo que necesitan ni lo que tienen que hacer* ni de quiénes se pueden valer, sino que se equivocan en todos estos

asuntos, fracasan en la consecución de bienes y se precipitan en las desgracias. (2, 26) La cursiva es mía

Interesa prestar atención a la idea de que "los que no saben lo que se traen entre manos eligen mal" (2, 29), pues para conducirse de manera adecuada es preciso 'conocer' y 'conocerse': conocer lo que es preciso tener en cuenta (de la materia en cuestión y del contexto en que la abordamos) y conocernos a nosotros mismos, tanto en general como respecto a dicha materia. De poco nos serviría, por poner un ejemplo que podría ser del gusto de Jenofonte, instruirnos en torno al arte de la guerra si, por un defecto congénito, no podemos sostener un arma; o, a la inversa, aprender a utilizar la espada sin averiguar antes contra quién nos vamos a enfrentar en una batalla, y si en lugar de la lucha cuerpo a cuerpo, sus ataques se producirán mediante flechas o lanzas. Es mediante el análisis prudente de nuestro propia individualidad, y de la generalidad en la que se desarrolla nuestra existencia, como podremos ajustar al máximo nuestras expectativas y nuestros logros, pues el yo y el todo bailan una danza cósmica en la cual, en cuanto te descuidas, o pisas o te pisan: vives sin virtud, fracasas como persona.

Es por la importancia extrema que concede Sócrates al saber, entendido en el amplio sentido que estamos manejando aquí, por lo que el maestro se preocupaba de despertar en sus interlocutores (llamarlos 'discípulos' sería, a mi entender, un tanto abusivo, ya que sus lecciones no las reservaba a un círculo selecto de seguidores, como sí harán Platón, Aristóteles o Epicuro, sino que las compartía con quien quisiera aprender algo de él y con él) ese 'criterio' fiable, seguro, certero y estable, ¡racional, sí!, gracias al cual podrían orientarse en la vida con plena confianza y sin temores:

> Sócrates no se daba ninguna prisa para que sus seguidores se convirtieran en elocuentes, prácticos e inventivos, pues pensaba que antes debía infundirles el buen juicio. Porque sin buen juicio, los que poseían aquellas capacidades creía que eran más injustos y más propensos a hacer el mal. (3, 1)

A diferencia de los sofistas, que ofrecían una instrucción eminentemente práctica para alcanzar el éxito mediante la aplicación de sencillas técnicas oratorias (un equivalente a los actuales *coaches*), Sócrates se esmeraba antes en despertar, desarrollar y preservar ese "buen juicio" sin el cual cualquier conocimiento resulta estéril, incluso peligroso. De ahí su insistencia en esa profunda 'sensatez' que ha de guiar todos nuestros pasos, los cuales han de estar guiados por la cautela, la reflexión y el análisis. Una idea, por lo demás, que ya encontramos en Heráclito y en Demócrito, y que forma parte del más puro espíritu helénico.

Quedaría incompleta esta breve semblanza del papel que el Sócrates de Jenofonte otorga al saber si no aludiéramos a un último factor esencial: la contención (ἐγκράτεια).

> Convencido de que el dominio de sí mismo es bueno para quien se dispone a llevar a cabo una acción hermosa, en primer lugar se mostraba ante sus discípulos como el hombre más disciplinado del mundo, y, en segundo lugar, en sus conversaciones dirigía ante todo a sus amigos hacia el dominio de sí mismos. (IV, 5, 18)

Para la cultura griega clásica, exceder los límites que nos han sido asignados (por los dioses, por las leyes de la ciudad, incluso por nuestra propia naturaleza personal) constituye uno de los peores pecados que concebirse pueda: el de la ὕβρις, o desmesura. El mundo socrático no es un amasijo de elementos caóticos en pugna unos con otros, sin una pauta determinada que los conduzca hacia una armonía final, sino el escenario de una magna obra en la cual cada quien tiene asignado un papel (mayor o menor, no es relevante), y su dignidad ontológica, su rango cósmico, depende de que lo represente de la manera más decorosa posible. Por ello resultan tan necesarios el autoconocimiento –para averiguar cuál es ese papel– y el saber –para llevarlo a cabo de acuerdo con las exigencias del momento y el lugar–, y por ello también se hace imprescindible domeñar esas pulsiones que nos asedian por el mero hecho de ser hombres, nublándonos el buen juicio y apartándonos de nuestro camino. Por eso Sócrates advierte a Eutidemo que "los intemperantes sufren la peor esclavitud" (IV, 5, 7) y que la falta de soberanía sobre los propios impulsos "impide al hombre prestar atención al estudio de los conocimientos útiles, arrastrándolo a las pasiones, y a menudo, aun sabiendo distinguir lo bueno y lo malo, les perturba para que haga lo peor, en vez de elegir lo mejor". (Esta enseñanza socrática, que no tiene nada de original pues no deja de ser puramente helénica, gozará de una amplia fortuna histórica, pues a ella apelarán platónicos, aristotélicos, estoicos, romanos y cristianos; solo con el Romanticismo se liberarán las pasiones de sus cadenas y volverán a devorar la libertad del hombre, sojuzgándole con sus tiránicos caprichos).

Para Sócrates, no hay alternativa: si uno aspira a la virtud, a la sabiduría y a esa plenitud en la que se resume la noción más densa y seria de 'felicidad'(εὐδαιμονία), debe dominarse a sí mismo, del mismo modo que ha aprendido a conocerse a sí mismo. Y ello no supone ninguna renuncia o sacrificio cruento sino, por el contrario, una victoria gustosa que nos reportará toda suerte de beneficios placenteros:

> Los que se dominan a sí mismos disfrutan del placer de aprender algo bueno y hermoso y del de dedicarse a alguna de las actividades que enseñan los medios de gobernar bien el cuerpo, administrar bien la casa, ser útil a los amigos y a su ciudad,

y vencer a los enemigos, cualidades de las que nacen no sólo beneficios sino también los mayores placeres cuando se practican, mientras que los intemperantes no participan de estas ventajas. Porque ¿a quién diríamos que le corresponde menos obtenerlas que a la persona que menos puede dedicarse a ello, absorbida por la preocupación de los placeres más inmediatos? (IV, 5, 10)

El camino de la virtud está sembrado de exigencias, renuncias y sacrificios, pero la recompensa es la de poder mirarse al espejo y reconocer, en la imagen que le devuelve, la de un hombre digno que ha estado a la altura de la tarea que le ha sido encomendada.

En síntesis, el retrato que nos ofrece Jenofonte de Sócrates, lejos de resultarnos ajeno o exótico, nos concierne y nos apela. Su confianza en el saber nos conmueve y estimula. Su llamada a comprometernos con nuestra propia vida, sin frivolidad ni cobardía, y de estar a la altura de lo que se espera de nosotros, constituye un aldabonazo en los tiempos blandos que corren. Los conceptos que leemos en los *Recuerdos* siguen siendo vigentes para cualquier humanista que se precie de tal: y es que, si no fuese posible confiar en nuestra capacidad para hacernos una idea cabal de nuestro lugar en el mundo —como quieren creer los escépticos y los nihilistas de todas las épocas—, tampoco podríamos sentirnos habilitados para asumirlo y cumplir con los deberes que comporta. Ahora bien, la tesis contraria, la de que el saber nos brinda el acceso a nuestra realización como personas en un contexto de armonía última entre el individuo y la sociedad, tampoco nos permite depositar en la razón una fe ciega, hasta el punto de creernos autorizados para penetrar la esencia última de la realidad y sojuzgarla de la mano de nuestras habilidades técnicas. Es precisamente en el equilibrio entre la aspiración a la sabiduría y la humilde admisión de nuestros límites donde se ha instalado históricamente —y debe continuar instalándose– el humanismo occidental, tras la estela inmarcesible de ese Sócrates que con tanta destreza supo pintar el maestro Jenofonte... a despecho del desprecio que haya podido recibir por parte de quienes no supieron, no quisieron, o no quisieron saber apreciarlo.

LEY HUMANA Y LEY DIVINA

Una vez asumido que Sócrates, toda vez que no quiso poner por escrito sus enseñanzas, confió el porvenir de las mismas a la interpretación que de ellas quisieran hacer sus interlocutores –cada uno con sus intereses inevitables y sus naturales limitaciones–, y habiendo sido rehabilitado Jenofonte como heredero e intérprete del maestro, cabe ahora profundizar en el estudio de aquellos conceptos que, compartidos por ambos (al menos, sobre el papel, que es todo lo que tenemos), puedan iluminarnos en nuestra indagación acerca de la vocación. Llegados a este punto, no nos debe inquietar tanto quién dijo qué –ya saben, no importa el dedo sino la luna– cuanto su pertinencia en el desarrollo de nuestra argumentación: a los efectos del discurso, Sócrates y Jenofonte son uno.

Decíamos en el capítulo anterior que, para la tradición socrática, el conocimiento se divide en dos grandes áreas: aquello que atañe exclusivamente a los seres humanos, y que hasta cierto punto está en su mano resolver mediante su propia inteligencia, y lo que se reservan los dioses para ellos, que se nos escapa. Esto no significa que se desentiendan de nosotros, sino que es preciso apelar a ellos para que nos orienten:

> Decía que se debe aprender lo que los dioses concedieron aprender a hacer, pero lo que está oculto a los mortales debemos intentar averiguarlo por medio de los dioses, pues los dioses dan señales a quienes les resultan propicios. (*Recuerdos*, I, 2, 9)

Es decir, resulta no solo posible, sino imperativo, "aprender" aquello que está en nuestra mano, y lo que no, deducirlo de las "señales" que nos dan los dioses, siempre y cuando sepamos descifrarlas. Esa asunción de la humildad de la razón humana, que en modo alguno puede (¡ni debe!) aspirar a equipararse a la divina, sino que tiene que atenerse a sus propios límites para sacarle el máximo partido, es una primera piedra de toque para identificar al auténtico sabio y diferenciarlo del charlatán. Mientras que los sofistas se presentaban a sí mismos como auténticos taumaturgos capaces de trocar "lo blanco en negro y lo negro en blanco", por mor únicamente de su oratoria, Sócrates se conformaba con alentarnos a instruirnos en lo que concierne a los asuntos humanos, y a consultar a los dioses acerca de aquello que es de su competencia:

> Trataba a sus amigos de la siguiente manera: en los asuntos inevitables, aconsejaba actuar como creía que tendría mejor resultado, y en cuanto a los de resultado incierto, les enviaba a consultar al oráculo para saber lo que debían hacer. (I, 2,6)

Es decir, aunque en ningún caso los dioses dejan a los hombres desamparados, sino que les brindan su cobertura permanente (y en esto profundizaremos más adelante), importa respetar un principio básico y, diría yo, inviolable: que ni estamos los hombres en disposición de controlar por completo el resultado final de nuestras acciones, por mucho que nos esforcemos en averiguar todo lo que podamos en torno a ellas, ni tampoco debemos declinar en modo alguno nuestra responsabilidad o molestar a los dioses con rogativas improcedentes, dando por sentado que el único que sabe es el dios:

> Pero quienes creían que ninguna de estas cuestiones [en alusión al éxito en una empresa cualquiera] compete a la divinidad, sino que son propias de la razón humana, decía que estaban locos, como por locos tenía también a quienes consultaban el oráculo sobre materias que los dioses concedieron a los hombres para que *aprendieran a decidir*. (I, 2, 8) La cursiva es mía

En esa 'decisión' está todo: el conocimiento de uno mismo, la lucidez respecto al contexto en el que nos movemos, el análisis reflexivo, la contención y la prudencia, el sentido de la oportunidad y, lógicamente, la irrenunciable libertad... la cual conlleva, como precio, la responsabilidad indeclinable ante el fruto de nuestras elecciones. Que los dioses dispongan que, en ciertas materias, el hombre 'debe' decidirse, y no cabe el endosarles a ellos el signo último de su resolución (por ejemplo, confiando la ejecución o no de un proyecto de ingeniería al paso de unas aves por un espacio concreto del cielo), es una contribución del maestro ateniense y su docto evangelista al patrimonio del humanismo occidental, firmemente comprometido con el valor de la libertad como marco necesario en el cual el individuo lleva a término su misión. Sin capacidad de decisión, sin libertad, no hay ser humano, sino criatura sometida, bien al fatalismo de la ciega naturaleza material, bien a la predestinación de instancias implacables como la μοῖρα o el *fatum*. Es perfectamente lícito reconocer, pues, al Sócrates de Jenofonte (¡y a Jenofonte mismo!) el mérito que le corresponde en la conformación del humanismo tal y como se ha entendido durante siglos, y se sigue entiendo aún hoy, aunque apenas sea en un plano nominal.

Que el arco de elección y decisión –de libertad, pues– que los dioses han reservado a los hombres (¡ojo, no solo a los poderosos, sino a todos!) sea relativamente amplio, resulta perfectamente compatible con que estos se hayan reservado la parte del león. En el libro I de la *Ciropedia*, de Jenofonte, se produce una extensa e interesantísima conversación entre Ciro y su padre, Cambises, en torno a los ámbitos de competencia de los hombres y de los dioses, donde se expone de manera clara y meridiana la importancia de asumir y respetar dichos ámbitos. Afirma Ciro:

No es conforme a la ley divina, si no se ha aprendido a montar a caballo, pedir a los dioses la victoria en combates hípicos; si no se sabe tirar al arco, pedir el triunfo sobre quienes sí saben; si no se sabe pilotar, rogar para que las naves se mantengan a salvo mientras se dirige el timón; si no se siembra trigo, rogar para que les salga una buena cosecha; si no se ha prevenido la guerra pedir la salvación en ella: todas estas súplicas y otras por el estilo están al margen de las leyes divinas, y *quienes piden algo contrario a la ley divina*, decías, *es natural que no lo obtengan de los dioses, como tampoco consiguen nada de los hombres quienes piden algo contrario a la ley humana.* (I, 6, 6) La cursiva es mía

La lección es clara: antes de reclamar una ayuda sobrenatural, esmérate en cumplir con tu parte, que para eso se te ha concedido. Instrúyete, esfuérzate, sé digno del éxito al que aspiras. En numerosas ocasiones, y en diversas obras, insiste Jenofonte en que la mejor manera de obtener un reconocimiento es estar en condiciones objetivas de merecerlo. Se podría calificar su propuesta de optimista, o tal vez ingenua; en cualquier caso, a mí se me antoja especialmente necesaria en una época como la nuestra (sí, tan pésima como cualquier otra, pero peor en muchos sentidos), en la cual para prosperar basta con llegar al poder aupado por la fuerza del número, o mantenerse lo bastante cerca de él como para compartir una parte del festín.

Ahora bien, como ya se ha comentado, por muchas cumbres que se puedan coronar gracias al conocimiento y a la contención, al tesón y al esfuerzo, para un griego a carta cabal como Jenofonte el ser humano no posee una capacidad ilimitada, el dios no se lo permite: lo que sí está en nuestras manos es dejarnos aconsejar por él, mediante los augurios y los oráculos (o, en el caso de Sócrates, de su personal *daimon*), en aquellas cuestiones que son de su competencia, y no de la nuestra. Admitiendo la ascendencia incontestable de la divinidad sobre nuestras vidas, nos hacemos más conscientes de nuestra auténtica medida y podemos discernir aquello que nos hemos ganado de aquello que nos ha sido concedido. Tanto en uno como en otro caso, la satisfacción es la misma, pues para Jenofonte lo esencial es hacer lo que se debe para obtener lo que nos corresponde... y ni un ápice más.

> Los hombres hacen mejor las cosas si saben lo que, precisamente, los dioses les han otorgado, que si lo ignoran; que si trabajan consiguen más beneficios, que si permanecen inactivos, y que si velan viven con menos riesgos de peligro que si se descuidan.

La gratitud respecto a los dioses por los favores recibidos constituye una signo claro de 'virtud', puesto que quien reconoce el bien que se le depara muestra una correcta comprensión de qué depende de uno y qué no, en definitiva: cuál es su lugar en el cosmos (al menos, en un momento concreto). Por eso es muy importante tener en mente todo lo que hemos conseguido por nuestros propios medios, sí, pero también aquello que, sin esa ayuda sobrenatural, jamás habríamos llegado a obtener, de manera que el auxilio divino no se convierta en el último recurso ante una situación desesperada, sino en la conciencia clara de que lo que tenemos, en gran medida, se lo debemos a ellos:

> Puede tener más influencia, tanto cerca de los dioses como de los hombres, aquel que no les adula cuando está en dificultades, sino que se acuerda de los dioses, sobre todo, cuando las cosas le salen a pedir de boca.

Las palabras con que Jenofonte cierra el libro I de la *Ciropedia* no pueden ser más claras: el conocimiento desempeña un papel extraordinario para salir con bien de la mayoría de los envites que nos plantea la vida, pero la auténtica sabiduría (la que todo lo abarca porque está más allá de las restricciones del tiempo y el espacio)... es la de los dioses. Por ello es necesario consultarles y obtener orientación:

> Los dioses, por ser eternos, saben todo: el pasado, el presente y lo que resultará de cada uno de los acontecimientos, y, de entre los hombres que los consultan, a aquellos a quienes se muestren propicios les anuncian lo que es necesario hacer y lo que no. (I, 6, 46)

"Aquellos que se muestren propicios"... es decir, que resulten merecedores de recibir consejo, no cualquiera que les plantee una consulta, como quien acude a una echadora de cartas. ¿Y qué puede hacer digno a un hombre de ser aconsejado por el dios? Se deduce de lo que hemos venido exponiendo: el haber respetado los respectivos ámbitos de competencia, el esforzarse en conocer y conocerse, el ejercer un férreo control de las propias pasiones, el ser humilde respecto a sus propias capacidades sin dejar de tratar de obtener el máximo partido de ellas... Solo entonces estará el demandante a la altura de recibir el socorro divino mediante señales que, eso sí, deberá interpretar correctamente, como en su momento lo hizo Sócrates respecto al oráculo délfico. Por eso Cambises le recuerda a su hijo Ciro que, desde niño, él mismo se aseguró de que aprendiese a descifrar esas señales de manera autónoma, para que no tuviera que depender de terceros para orientarse, sino solo del dios:

> En efecto, yo te enseñé convenientemente para que entendieras, sin ayuda de otros intérpretes, los designios de los dioses y para que fueras tú mismo quien comprendiera las señales perceptibles por los ojos o por los oídos, sin estar a merced de los adivinos, por si acaso quisieran engañarte diciendo una cosa distinta de lo indicado por los dioses y, además, a fin de que, si alguna vez te encontraras sin adivino, no tuvieras dificultades para interpretar los signos divinos, sino que, conociendo a través del arte adivinatorio los designios de los dioses, los pudieras obedecer.

Esta relación directa, personal, de Ciro con el dios evoca extraordinariamente la que mantenía Sócrates con su δαίμων: en ambos casos, se prescinde de la intermediación de instituciones bien asentadas en la realidad social griega y se abre camino una forma de comunicarse con lo sagrado exenta de rituales y liturgias. La gran diferencia es que, mientras Sócrates se deja guiar por una voz "interior" (lo cual históricamente ha dado pábulo a todo tipo de especulaciones, desde las más sublimes a las más pedestres), el Ciro de Jenofonte se atiene a aquellas señales que percibe "por los ojos o por los oídos", esto es, a través de fenómenos naturales. Y es que, por muy genial que fuera el rey persa a ojos de Jenofonte, no podía aspirar al trato singular que el dios deparaba a su maestro.

Sin embargo, la doctrina jenofóntica no se detiene en defender la clásica demarcación entre los hombres y los dioses, y su también tradicional reciprocidad (de hecho, solo los dioses del atomismo parecen vivir relativamente ajenos a la fortuna de los seres humanos), sino que elabora una exposición sumamente compleja en torno a la providencia divina que, hasta donde yo conozco, es la primera vez que se enuncia en las fuentes antiguas de manera tan explícita: eso sí, el autor la pone en boca de Sócrates... Una primera entrega la encontramos en el libro I de los *Recuerdos*, donde el maestro ateniense pondera ante Aristodemo que la perfección del cuerpo humano no puede ser fruto del azar, sino de la mano de un artífice supremo. La cita es extensa, pero no tiene desperdicio:

> –¿Y no te parece entonces que quien desde el principio ha creado hombres les añadió con fines utilitarios órganos con los que experimentaran sensaciones, ojos para que pudieran ver lo visible, oídos para oír lo audible? Y en cuanto a los olores, ¿qué utilidad habrían tenido para nosotros si no hubiéramos sido provistos además de nariz? ¿Qué sensación habríamos te-

nido de lo dulce, de lo picante y de todos los placeres del gusto si no se hubiera creado la lengua para discernirlos? Además de eso, ¿no te parece obra de providencia que siendo la vista algo delicado se la haya cerrado con párpados, que se abren cuando hay que utilizarla, mientras que están cerrados durante el sueño y que, para que los vientos tampoco la dañen, se hayan implantado como una criba las pestañas y que se haya rebordeado con cejas la parte superior de los ojos, para que ni siquiera el sudor de la frente los perjudique? ¿Y que el oído reciba todos los sonidos, pero nunca se llene de ellos? ¿Y que los dientes de delante en todos los animales tengan capacidad de cortar y los molares en cambio sean adecuados para machacar lo que reciben de aquéllos? ¿Y que la boca, por la que los animales mandan dentro cuanto apetecen, esté colocada cerca de los ojos y de la nariz, y en cambio, como las deyecciones nos repugnan, hayan desviado sus conductos y los hayan llevado lo más lejos posible de los sentidos? Estas cosas, tan providencialmente preparadas, ¿todavía dudas sin son obra del azar o de la inteligencia?

–¡No, por Zeus! dijo Aristodemo–. Más bien, examinado de esa manera, parece totalmente obra de un artesano entendido y amigo de los seres vivos.

La disertación sobre la providencia divina respecto a los hombres prosigue en el libro IV (3, 1-18) de los *Recuerdos*, esta vez a modo de diálogo entre el maestro y Eutidemo, y es un prodigio de claridad y eficacia argumental.

Comienza Sócrates llamando la atención de su interlocutor acerca de "con qué cuidado han preparado los dioses cuanto necesitan los hombres", desde la luz con que podemos orientarnos durante el día hasta los astros "para aclararnos las horas nocturnas". La enumeración de todos los dones con que los dioses hacen posible nuestra existencia se podría haber compuesto, perfectamente, a modo de himno homérico, de haber estado Jenofonte dotado del necesario aliento lírico; así, pondera que nos concedan el acceso al agua o al fuego, que determinen la sucesión de las estaciones para que podamos obtener cosechas con que alimentarnos, o que los ciclos solares nos permitan disponer de un entorno habitable. En definitiva, para el Sócrates de Jenofonte parece claro que el cosmos ha sido organizado de manera que nuestra especie pueda vivir y pervivir.

Eutidemo subraya cada uno de dichos dones con palabras cargadas de significado humanístico, antropocéntrico, ya que los considera una señal inequívoca de "un gran amor para [sic] la humanidad", una "prueba de su providencia" e incluso "el colmo de la filantropía". Su arrebato es tal, que llega a preguntarse "si los dioses tienen alguna otra ocupación que cuidar de los hombres. Solo una cosa me lo impide, y es que también los otros seres vivos participan de estos beneficios". Pero eso tiene una explicación:

> ¿Pero no es también evidente, dijo Sócrates, que incluso esos seres vivos nacen y se desarrollan en beneficio de los hombres? Pues ¿qué otro ser vivo hay que disfrute de las cabras, de las ovejas y vacas, de los caballos y asnos y de los otros animales tantos beneficios como los hombres? Creo que se benefician de ellos más que de los vegetales. Lo cierto es que se alimentan y sacan ganancia de éstos no menos que de aquellos, aunque muchas razas humanas no emplean los frutos de la tierra para su alimentación, pero viven de la leche, del queso y de la carne del ganado. Todos aman y domestican a los animales útiles y los emplean como auxiliares para la guerra y otras actividades.

El entusiasmo creciente del Sócrates de Jenofonte merece sin duda alguna constar como frontispicio de cualquier tratado sobre la excelencia humana:

–¿Y eso de que, como las cosas bellas y útiles son numerosas y distintas entre sí, hayan dado a los hombres sentidos adecuados a cada una de ellas, gracias a los cuales disfrutamos de todos esos bienes? ¿Y lo de que hayan implantado en nosotros la razón, gracias a la cual, pensando y recordando lo que percibimos, aprendemos por qué es buena cada cosa e inventamos muchos procedimientos para disfrutar de los bienes y defendernos de los hombres? ¿Y que nos hayan proporcionado la facultad de interpretar, gracias a lo cual nos informamos de todos los bienes, participando de ellos, nos comunicamos entre nosotros, promulgamos leyes y gobernamos las ciudades?

Ante la avalancha de argumentos (todos muy puestos en razón), Eutidemo no puede más que aceptar "que los dioses han tomado un gran cuidado de los hombres". Pero el maestro no ha terminado; porque, con ser mucho lo que los dioses nos han dado, y que podemos constatar por nosotros mismos, aún queda la parte mejor: que, tras colmarnos de ventajas y beneficios, no nos han abandonado a nuestra suerte –como hacen los peces con sus crías tras desovar–, sino que permanecen siempre vigilantes para auxiliarnos en cuanto sea menester:

Como no podemos evitar lo que nos convenga en el porvenir, también en este aspecto [colaboran] con nosotros, revelando por medio de la adivinación a los consultores lo que sucederá algún día y dando instrucciones sobre cómo puede resultar mejor.

La providencia divina, pues, no sólo se puso de manifiesto en un origen privilegiado, en el cual se ha preocupado por proveer a los hombres de todo lo necesario para llegar a ser como son, sino que se extiende a lo largo de toda nuestra existencia, como una tutela real que, eso sí, requiere que cumplamos con lo que solo a nosotros corresponde:

No hay que quedar de ninguna manera por debajo de las propias fuerzas, porque si alguno obra así, es evidente que entonces no honra a los dioses. Por ello, sin omitir nada en la medida de nuestras fuerzas, es necesario honrar a los dioses y confiar en recibir los mayores beneficios. No sería sensato que alguien esperara mayores beneficios que de quien puede otorgarlos más grandes o de otra manera que agradándoles. ¿Y cómo les podría agradar mejor que obedeciéndoles de la mejor manera posible?

La parte de los hombres, como ya hemos analizado más arriba, se desarrolla en el plano del conocimiento, de la contención de las pasiones y del esfuerzo por perseverar en el camino de la virtud, la verdad y la justicia; la de los dioses, que todo lo saben y todo lo pueden, en el de depararnos aquellos beneficios que nos merezcamos recibir, en función de nuestra actitud y de nuestra conducta, del mismo modo que unos padres comprensivos premian a sus hijos si observan en ellos obediencia y aplicación.

En cualquier caso, el Sócrates de Jenofonte percibe la huella de la providencia por doquier, sin necesidad de manifestaciones aparatosas; de hecho, el modo en que la divinidad ejerce su poder es a través de su obra, aunque ocultándose como su artífice:

No solo los dioses en general cuando nos ofrecen sus bienes lo hacen sin aparecer para nada ante nuestros ojos, sino que también el dios que ordena y abarca todo el universo, en quien reside toda bondad y toda belleza y las mantiene continuamente para nuestro uso intactas, sanas y sin vejez, sirviéndonos sin fallar más rápidamente que el pensamiento, este dios se deja ver como realizador de las más grandiosas obras, pero como regente de todo es para nosotros invisibles. Reflexiona que hasta el sol, que parece que todos lo ven, no permite a los hombres mirarlo con fijeza, y si alguien intenta mirarlo desvergonzadamente, le quita la visión. También te des cuenta de que los ministros de los dioses son invisibles: porque es evidente que el rayo baja de lo alto y que abate todo lo que encuentra, pero no se le ve ni cuando se precipita, ni cuando descarga su fuerza, ni cuando desaparece. También los vientos se acercan, pero sus efectos nos resultan evidentes y los notamos cuando se acercan.

Un último elemento nos emparienta directamente con los dioses, y es el alma (el alma: esa gran damnificada de la Modernidad, y no cuesta mucho entender por qué). Para el Sócrates de Jenofonte, "el alma humana, que participa de la divinidad como ningún otro elemento humano, es evidente que reina dentro de nosotros, pero ella misma no se ve". Esta concepción —compartida, con uno u otro nombre, por todas las culturas complejas— de que el hombre posee en su interior algo divino, en nuestra tradición humanista se identifica con el espíritu racional: aunque ya Heráclito había puesto las bases, fue el maestro ateniense quien, con la inestimable ayuda de su discípulo Platón, le imprimió su configuración definitiva. Del mismo modo que el alma opera en nuestro interior, siendo lo mejor que tenemos porque nos gobierna con rumbo firme, la divinidad rige el exterior sin dejarse ver, simplemente disponiéndolo todo de manera que funcione sin tacha. Por ese motivo "nadie debe despreciar lo invisible, sino que, reconociendo su poder por sus manifestaciones, hay que honrar a la divinidad". ¿A quién se le ocurriría negar, ya no la existencia, sino la funcionalidad de algo, simplemente porque no puede verlo o tocarlo? ¡Tampoco vemos ni tocamos el aire que respiramos, y sin él no podríamos vivir! Aparte que erigir la 'visibilidad' (o la percepción sensorial humana) en criterio ontológico nos llevaría a suprimir del cosmos todo aquello que el ser humano no puede percibir, por sí mismo o mediante aparatos: ¡qué especismo más ramplón! Los dioses —o la naturaleza, si a los oídos sensibles les resulta más aceptable— han dispuesto el todo de manera que funcione, no sé si como un reloj, pero sí como una orquesta en la que los instru-

64

mentos tratan de armonizar entre ellos de la mejor manera posible; de la pericia, esfuerzo y capacidad de los intérpretes dependerá que la ejecución resulte impecable o incurra en disonancias, cuando no en desconcierto universal.

Concluida la exposición, Jenofonte se cuida muy mucho de advertir que "con estos consejos y con su propia conducta, Sócrates hacía más piadosos y sensatos a los que le seguían". Importa destacar la importancia que confiere el autor a las obras, congruente con su carácter práctico y atento a la utilidad del conocimiento. Insiste en ello al afirmar que el maestro "con sus actos todavía se mostraba más dueño de sí mismo que con sus palabras" (I, 5, 6). A Hipias le espeta: "Si no lo explico con palabras, lo explico con mis hechos. ¿O es que no te parece que la acción es más convincente que la palabra?" (IV, 4, 10). En el plano religioso, que es el que aquí estamos tratando, Sócrates no se limitaba a entonar discursos elogiosos sobre los dioses: se comportaba como un perfecto devoto, obedeciendo el oráculo y atendiendo en todo momento a los rituales propios de la ciudad, a los sacrificios y a las plegarias. Por ello, cuando Eutidemo le inquiere cómo debe hacerse agradable a los dioses para mostrarse digno de su amparo, Sócrates le dice:

> Tú sabes que el dios de Delfos, cuando alguien le pregunta cómo podría dar gracias a los dioses, contesta: *Según la ley de tu país*. La ley es, sin duda, en todas partes agradar a los dioses con ofrendas en la medida de las fuerzas de cada uno.

Y las leyes de Atenas estipulaban perfectamente cuál era el modo establecido de dar las gracias a los dioses. Sócrates jamás violó esas leyes, ni abjuró del panteón olímpico, ni puso en cuestión la religiosidad griega. Lo que sí hizo fue interiorizar la experiencia de lo divino, incorporándolo a su conducta como una guía para orientarse a sí mismo y aconsejar a los demás. De esa manera, abría el cauce a una comprensión personal de la trascendencia que iba a tener una influencia irreversible en nuestra historia intelectual.

Y los que, a mi parecer, mejor comprendieron esta influencia y su importancia radical para el hombre concreto, para el individuo real, fueron, no los platónicos (tan etéreos) ni los aristotélicos (tan intelectuales), ni los cínicos (tan incívicos), ni los epicúreos (tan antisociales), sino... los estoicos. Y aun más: los estoicos imperiales. Y, por personalizar ya del todo, un liberto cojo que acabaría constituyendo una especie de reencarnación del propio Sócrates: Epícteto.

LIBERTAD Y OBEDIENCIA

> El hombre honesto subordina su parecer al
> del que todo lo gobierna, como los buenos
> ciudadanos a la ley de la ciudad.

(*Disertaciones*, I, 12, 7)

Epícteto retoma el legado de Sócrates allí donde Jenofonte lo dejó, y lo conduce hasta su conclusión lógica; y es que, a pesar de su adscripción a la doctrina estoica, el suelo común entre ambos resulta innegable. Veamos por qué.

Tanto uno como el otro estiman que el saber debe tener una dimensión práctica (no meramente especulativa y contemplativa, como para Platón y Aristóteles, y sus respectivos acólitos) y perfeccionarnos como personas de la mano del autoconocimiento, del uso correcto de los conceptos, de la contención de las pasiones y de la comprensión de la misión que cada cual debe desempeñar en la vida; tanto uno como el otro admiten que el hombre no ha sido puesto en el mundo simplemente para crecer, reproducirse y morir, mientras los días pasan en la satisfacción de las necesidades básicas que compartimos con las bestias, sino que estamos llamados a acceder a un nivel superior de la existencia que incide en el cultivo de la virtud y no en elementos exteriores como la riqueza, la fama o el poder; tanto uno como otro estiman que las capacidades del ser humano son grandes, pero que en cualquier caso nunca debe olvidar que la única autoridad legítima es la del dios, en tanto en cuanto solo él es inmortal y omnisciente; tanto uno como el otro, por último, prescriben que la acción del individuo ha de redundar en beneficio de la comunidad (a diferencia de lo que proclaman cínicos y epicúreos), si bien para Sócrates esta se limita a su propia ciudad, Atenas, y para Epícteto, en cuanto habitante de un mundo nuevo, a la humanidad entera.

Si valoramos las afinidades que se dan entre ambos, nos resultará más llevadero asumir sus diferencias: las más llamativas, que Epícteto nunca se casó (si bien defendía la institución del matrimonio) y que solo impartió sus enseñanzas a quienes asistían a su escuela, en Nicópolis, principalmente a jóvenes venidos de todo el Imperio Romano, y no a sus propios conciudadanos. Una lectura de las *Disertaciones* —escritas por Arriano, uno de sus alumnos, y no por él mismo, quien como Sócrates prefería la interlocución directa— nos permitirá percibir cómo las grandes categorías de la doctrina del ateniense se mantienen intactas, y además, ganan en coherencia y consistencia.

Por lo pronto, Epícteto retoma la drástica distinción que exponía Jenofonte entre la parte de los hombres y la de los dioses. Dice en la primera de las disertaciones:

> Hemos de organizar lo mejor posible lo que depende de nosotros y servirnos de las demás cosas tal como vienen. ¿Y cómo vienen? Como la divinidad quiera. (I, 1, 16-17)

Esforzarnos en gestionar nuestra 'parte' del modo más adecuado, y admitir que hay cosas que quedan en manos de los dioses, nos permite aceptar sin problemas los límites naturales de nuestra capacidad e intensificar, consecuentemente, la responsabilidad que tenemos respecto a ella. Eso sí, Epícteto, que enfatiza sin ambages el valor de la libertad para el hombre ("Si quieres, eres libre", dice en I, 17, 28), se esmera en alertarnos respecto a una comprensión banal de la misma:

> ¿No sabes que la libertad es algo bello y valioso? Pretender yo que de cualquier manera suceda lo que de cualquier manera se me ocurra corre el riesgo no sólo de no ser hermoso, sino incluso de ser lo más horrible de todo (I, 12, 12)

Una interpretación unilateral de la libertad, entendida al modo de los modernos como 'autonomía' absoluta, entraña un enorme peligro: el de que cada cual trate de imponerla a los demás, además de correr el riesgo de dejarse arrastrar por el peor de los tiranos, el capricho. Por el contrario, Epícteto postula una concepción aristocrática, casi heroica de la libertad (en varias ocasiones apela a Heracles como modelo inspirador), preñada de autodisciplina, de límites y exigencias: "¿Y cómo es nuestra naturaleza? De seres libres, nobles, respetuosos". (III, 7, 25-26). El galardón, empero, es plenamente congruente con el sacrificio: "La lucha es grande; la obra, divina: por un reino, por la libertad, por la felicidad, por la imperturbabilidad". (II, 18, 28-29)

En cualquier caso, el verdadero escenario de nuestra libertad no es, como pensaría cualquiera de los alumnos que franqueaba el umbral de su escuela, el del poder personal o el del éxito social (Epícteto encomia el modo de vida frugal de Diógenes, si bien no comparte su desprecio respecto al decoro), sino el de la προαίρεσις, que Paloma Ortiz García, la traductora española de las *Disertaciones* ha volcado como "albedrío", y que nosotros preferimos calificar de 'criterio': nuestra capacidad de elegir cómo usar los conceptos. Detengámonos en este aspecto.

Para Epícteto, como estoico, el hombre es un ser que interpreta: no da nada por bueno ni por existente si no en función del sentido que le atribuye (συγκατάθεσις, asentimiento). Obramos en todo momento de acuerdo con nuestros juicios: si estos son erróneos, toda nuestra vida descarrilará. Ahora bien, cabe aclarar que dichos juicios no se producen en el vacío –de manera que todas nuestras interpretaciones, juicios y valoraciones serían aleatorias y sus posibilidades de acertar, relativas–, sino que dimanan de una 'precomprensión' fundamental, propia de cada individuo, que incidirá de una manera directa en sus actos y en sus decisiones. Si, por poner un ejemplo, una persona está íntimamente persuadida de que, como proclama un eslogan de moda en el siglo XXI, 'tú puedes ser lo que quieras', dicho principio presidirá su conducta de principio a fin y la permeará de una inmoralidad radical que solo podemos calificar de errada, pues dará pie a todo tipo de abusos y atropellos; si, por el contrario, opta por abrazar la regla que afirma que "tu libertad acaba donde empieza la de los demás" que siempre me repetía mi padre, y en todas las circunstancias que se le presenten se rige por ella, el resultado habrá de ser un comportamiento ético irreprochable. En definitiva, es necesario que la piedra angular de nuestro pensar, de nuestro estar y de nuestro obrar sea correcta, pues de ello depende el cariz entero de nuestro comportamiento. Lo que excluye Epícteto, como buen discípulo de Sócrates, es que pensemos y actuemos sin atenernos a esa 'precomprensión', correcta o incorrecta, que impregna todos nuestros pensamientos y, por ende, nuestros actos: de ahí la importancia de los conceptos...

Para Epícteto, pues, la precomprensión fundamental pasa por tener claro cuáles son los límites dentro de los cuales somos soberanos, libres y responsables, podemos progresar y perfeccionarnos, y en qué ámbitos nuestra capacidad de decisión decae y, por lo tanto, deben resultarnos indiferentes o, en su caso, hemos de dejarlos en manos de los dioses. Si se detuviera aquí, Epícteto no habría ido mucho más allá que Sócrates y Jenofonte: se limitaría a acoger dicha separación y a incitarnos a cultivar nuestra parte del cosmos de la manera correcta, apelando a los dioses cuando fuera menester para que nos orientasen con sus consejos. Pero él es un estoico, y en cuanto tal la relación entre el hombre y la divinidad no la percibe como la de dos entidades que se desenvuelven en ámbitos paralelos, ¡todo lo contrario! La jerarquía entre ambos es total (el hombre es siervo y el dios, amo), pero al mismo tiempo de simbiosis: no son concebibles el uno sin el otro, incluso se podría llegar a afirmar que existen el uno *para* el otro. Conviene estudiar con detenimiento este aspecto, porque resulta crucial para nuestra exposición acerca de la vocación.

Para Epícteto, como buen griego (aunque ya viva bajo el Imperio Romano) y lector de Hesíodo, Zeus es "el padre de los dioses y de los hombres" (I, 3, 1, que se hace eco de *Teogonía*, 47) y "es capaz de contemplarlo todo y de estar presente en todo" (I, 14, 9, que coincide con la afirmación de Demócrito: "todo lo delibera Zeus en sí mismo y todo lo sabe, todo puede darlo y quitarlo, y él es rey de todas las cosas"). Los hombres "por naturaleza participan de la relación con la divinidad ligados a ella por la razón" (I, 9, 4-6), de manera que llevamos en nuestro interior una "chispa divina" (II, 8, 11-14). Este parentesco supone un privilegio ontológico descomunal que conlleva, como lógica contrapartida, una autoexigencia también enorme. Por ello Epícteto no duda en reprocharle a quien no está a la altura de dicha dignidad el comportarse de un modo indebido: "estando presente en tu interior la propia divinidad, que lo ve y lo escucha todo, ¿no te da vergüenza pensar y hacer esas cosas, ignorante de tu propia naturaleza?". Es nuestra responsabilidad sobrellevar nuestra excelsa filiación ejerciendo la libertad que el soberano nos concedió ("te confió sólo a ti mismo y te puso sólo en tus propias manos", II, 8, 22) conduciéndonos con el temple adecuado: "¿Qué temple? Deseo no frustrado, rechazo sin trabas, impulso adecuado, propósito cuidadoso, asentimiento reflexivo" (II, 8, 29). Como hijos del dios, nuestro deber es mostrarnos a la altura de dicha dignidad en todo momento y, además, mostrar agradecimiento por el honor que nos depara.

A lo largo y ancho de las *Disertaciones*, las afirmaciones de Epícteto acerca de la divinidad y de su providencia para con los hombres son abundantes y, por su ardor, se intuyen sinceras:

> Hay que aprender lo primero que la divinidad existe y que tiene providencia de todo y que no es posible pasarle desapercibido no sólo al obrar, sino tampoco al pensar o sentir; y, luego, qué características tiene. Pues es necesario que el que quiera agradarle y obedecerla intente, en la medida de lo posible, asemejarse a ella tal cual la halle. Si la divinidad es leal, también él ha de ser leal; si libre, también él libre; si bienhechora, también él bienhechor; si magnánima, también él magnánimo; en resumen, hacer y decir todo lo demás como partidario [émulo] de la divinidad. (II, 14, 11-13)

Que el hombre ha sido creado libre para decidir qué uso hace de las "representaciones" (como denomina Epícteto a los juicios) y, consiguientemente, cómo se conduce respecto a los dioses y a los hombres, le concede un grado de soberanía del que carecen los seres irracionales, cuya relación con el entorno carece del criterio necesario para poder ser llamados libres: sus reacciones son inmediatas, reflejas, primarias y despojadas de esa 'conciencia reflexiva' (ἡγεμονικόν) exclusiva de los seres humanos. Con todo, dicha soberanía no es absoluta, de ningún modo; por el contrario, es subsidiaria de la del dios, que es el único que detenta un poder real, sobre el cosmos entero pero también sobre cada uno de nosotros, con la salvedad de que sólo los hombres podemos errar. Por ello, quien al examinarse reconoce en su interior esa "chispa divina" que es la razón, y en ello su filiación divina, se emancipa de las cadenas de la animalidad y puede empezar a ser de verdad libre, a imagen y semejanza del dios:

> Igual que Zeus convive consigo mismo y se mantiene en paz en sí mismo y medita cómo es su propio gobierno y se mantiene en meditaciones que le son adecuadas, así también sea-

mos nosotros capaces de hablar con nosotros mismos, de no necesitar a otros, de no andar escasos de entretenimientos: examinar el gobierno divino, nuestra relación con los demás, observar cómo nos comportábamos antes frente a los acontecimientos y cómo ahora cuáles son las cosas que aún nos atormentan, cómo podrían, también ellas, ser remediadas, cómo podrían ser extirpadas y si alguna de estas cosas necesita perfeccionamiento, perfeccionarla según su razón. (XIII, 13, 6-8)

El hombre es un 'dios en la tierra', por así decir, si bien cabe recordar en todo momento que la nuestra es una libertad refleja, no originaria: igual que solo el dios sabe, solo él es auténticamente libre... Para el hombre emancipado de la animalidad, que ha domeñado sus pasiones y, gracias al autoconocimiento, se conduce de manera virtuosa de la mano de su razón, no supone ningún esfuerzo conceptual el asumir que, en realidad, lo que él llama libertad no es sino una obediencia más alta.

Extiende una vez el cuello como liberado de la esclavitud; atrévete, levantando la mirada hacia la divinidad, a decir: "Úsame de ahora en adelante, como quieras; Estoy unido a ti, soy tuyo, no me aparto en nada de lo que quieras, llévame a donde quieras, ponme el vestido que quieras. ¿Quieres que tenga cargos públicos, que lleve vida de particular, que me quede aquí, que sufra el destierro, que sea pobre, que sea rico? Yo te defenderé por todo ello ante los hombres; mostraré cómo es la naturaleza de cada cosa". (II, 16, 41-43)

Imagino que estas palabras, de no conocerlas, escandalizarán al pacato lector del siglo XXI, tan engañosamente persuadido de su ilusoria 'libertad' que jamás admitirá ponerla al servicio de nada ni de nadie que no sea... él mismo. Para este "impío", como lo llama Epícteto, el estoico ya tiene preparada una severa andanada dialéctica en torno a la providencia divina, en unos términos de innegable regusto socrático y jenofóntico:

[El impío] desprecia los favores de la divinidad, como si refutase la gran utilidad de la facultad de ver o de la de oír o de la propia facultad de hablar. ¿Por casualidad nos dio la divinidad los ojos, por casualidad puso en ellos un espíritu tan potente y hábil que alcanza de lejos a modelar ¿Las formas de lo que vemos? ¿Qué mensajero hay más rápido y diligente? ¿Creó por casualidad entre medias un aire tan activo y elástico que a través de él, extendido, pase la vista? ¿Creó la luz por casualidad, de manera que si ella no existiera lo demás no tendría utilidad? Hombre, no seas ingrato ni olvides lo mejor, sino gracias a la divinidad por la vista y el oído y, ¡por Zeus!, por tu propia vida y lo que colabora en ella, por los frutos secos, por el vino, por el aceite. Pero acuérdate de que te ha dado algo mejor que todo eso, lo que lo usa, lo que lo pone a prueba, lo que calcula el valor de cada cosa. (II, 23, 2-6)

El dios, como glosaba Jenofonte en su momento, lo ha creado todo para nosotros: el mundo no es el resultado del entrelazamiento azaroso de los átomos, como quieren creer los epicúreos, sino el resultado de un inmenso acto de generosidad (de amor, diríamos los cristianos) en virtud del cual lo que existe, existe para que lo podamos disfrutar... y lo "mejor" de todo, la propia razón: "lo que pone a prueba".

De todos modos, es cierto que se percibe una tensión evidente entre esa disposición total a obedecer al dios que muestra Epícteto, y los encendidos cánticos a la libertad personal que entona a lo largo de las *Disertaciones*. Para tratar de resolverla, conviene leer con detenimiento el siguiente párrafo, que vale por varias páginas de explicaciones:

[Es preciso unirse a la divinidad] para querer también él lo que quiera ella y lo que ella no quiera no quererlo él tampoco. Pero, ¿cómo se llega a eso? ¿De qué otra manera, sino meditando sobre los impulsos de la divinidad y su gobierno? ¿Qué me dio mío y con dominio propio? ¿Qué se reservó para sí misma?

Me dio lo que depende del albedrío, lo puso en mis manos sin trabas, sin impedimentos. ¿Cómo podía hacer libre de impedimentos este cuerpo de barro? Sometió al giro universal la hacienda, el ajuar, la casa, los hijos, la mujer. ¿Por qué, entonces, lucho contra la divinidad? ¿Por qué quiero lo que no hay querer, tener a cualquier precio lo que no me ha sido dado? Pues ¿cómo? Como ha sido dado y en la medida de lo posible. Pero el que lo da, lo quita. Entonces, ¿por qué me opongo? No digo que seré tonto intentando forzar al que es más fuerte, sino aún más que eso: injusto. (IV, 1, 99-101)

Para ser un hombre justo y cabal, y no un demente que ignora los límites que rigen el cosmos (donde todo tiene un lugar y una función, otorgados por el dios), es menester atenerse a nuestra naturaleza racional, que nos revela nuestra filiación divina, y obrar de acuerdo con ella en todo momento, sometiéndose libremente a las disposiciones del dios, que es quien realmente 'sabe'. ¿Qué otra cosa hizo Sócrates al acoger el oráculo de Apolo e interpretarlo para elucidar su alcance existencial, el que tenía para él en cuanto individuo, y no en términos abstractos y válidos para cualquiera? Y es que la tutela que nos depara el dios no es solo genérica, sino personalizada: para él, como buen padre, no somos sujetos intercambiables, sino que a cada uno nos tiene reservado un papel propio. Esta individualización plena del cuidado del hombre por parte del dios resulta posible solo gracias a la interiorización: es cuando nos 'conocemos a nosotros mismos', tal y como dispone el aforismo del templo de Apolo en Delfos, cuando descubrimos al fin el parentesco que tenemos con el dios, comprendemos lo que espera de todos y cada uno de nosotros y podemos empezar a obrar de acuerdo con esa comprensión. Mientras no se produzca ese 'descenso' a lo más profundo (lo cual ni que decir tiene no es de índole psíquico ni caracteriológico), nos mantendremos en un nivel trivial de la existencia, así como de nuestra relación con el dios. Solo en la medida en que accedamos al fondo de nuestro ser, allí donde ni siquiera el concepto de 'yo' tiene sentido alguno, podremos emerger con la conciencia clara de cuál es nuestra misión en el mundo: nuestro destino personal e irrenunciable, aquel que imprime sentido a nuestra vida y por el cual vale la pena incluso morir... como murió Sócrates para no traicionarlo.

La lección de Epícteto acerca del destino personal no puede ser más explícita. Leamos.

> El hombre honrado y bueno, al acordarse de quién es y de dónde ha venido y por quién fue creado, atiende sólo esto: cómo cubrirá su puesto ordenadamente y en obediencia a la divinidad. «¿Aún quieres que permanezca? Como libre, como noble, como tú quisiste, pues tú me hiciste libre de impedimentos en lo mío. ¿Que ya no tienes necesidad de mí? ¡Que te sea para bien! También hasta ahora permaneció por ti, no por ningún otro y ahora, obedeciéndote, me marcho». «¿Cómo te marchas?» «De nuevo como tú quisiste: como libre, como sirviente tuyo, como quien es consciente de tus mandatos y prohibiciones. Pero, mientras pase el tiempo en tus asuntos, ¿qué quieres que sea? ¿Gobernante o ciudadano particular, senador o plebeyo yo, soldado o general, maestro o señor de mi casa? *Cualquier puesto y lugar que me señales, como dice Sócrates, mil veces moriré antes de abandonarlo* (III, 24, 95-101). La cursiva es mía

Que estas reflexiones no se mantienen en un plano abstracto o especulativo, sino que conciernen a la vida concreta, incluso profesional del individuo, lo ilustra perfectamente Epícteto en una de las disertaciones, cuando a uno que piensa inscribirse en los Juegos Olímpicos le exhorta: "Piénsalo con más cuidado, conócete a ti mismo, interroga a tu genio, no lo intentes sin la divinidad" (III, 22, 53). No somos libres de hacer lo que nos plazca, pero sí aquello que place a los dioses, que te lo comunican mediante tu 'genio': sí, el δαίμων de Sócrates.

Más extensamente se ocupa de este tema crucial para nuestra genealogía de la vocación en la que corrige a "los que se dedican a presumir de filósofos con facilidad" (III, 21), y que en realidad contiene una indagación entera acerca de la propia misión del filósofo en la sociedad. Le advierte Epícteto al aspirante que se trata de "un arcano que no se da de cualquier modo ni a cualquiera", ya que "no basta con ser sabio para ocuparse de los jóvenes"... y aquí podríamos añadir: o aprobar una oposición. "También es necesario tener cierta habilidad y cierta aptitud para ello, ¡por Zeus!, y un cuerpo de cierta clase y, *ante todo, que la divinidad aconseje ocupar ese campo*, como aconsejó a Sócrates que ocupara el campo de la refutación, como aconsejó a Diógenes el de la realeza y la crítica, como aconsejó a Zenón el de la enseñanza y la preceptiva". La vocación personal, pues, no es una tendencia que emerge de forma silvestre de algún lugar perdido en nuestra psique, y menos aún de una ocupación como otra cualquiera que nos permitirá obtener el pan nuestro de cada día, sino una auténtica *llamada* por parte del dios para que ocupemos un puesto concreto en el cosmos ordenado por él. Esta llamada, además, no será un salvoconducto para conducirnos de cualquier manera que deseemos (como ya ha quedado claro, la única libertad es la obediencia al dios), sino que acarrea una pléyade de deberes tanto personales como sociales:

> [Si quieres ser filósofo] come como hombre, bebe como hombre, arréglate, cásate, ten hijos, ocupa cargos; abstente de insultar, soporta al hermano insensato, soporta al padre, al hijo, al vecino, al compañero de viaje. Muéstranos eso, para que veamos que en verdad has aprendido algo de los filósofos. No, sino: «Venid y oiréis cómo comento».

Epícteto condena sin ambages la frivolidad de quien se conduce por la vida movido por el propio capricho (¡libertad, la llamarán mis coetáneos!), 'sin encomendarse a Dios ni al diablo', como diría un castizo:

> ¿Por qué jugueteas con lo más importante, por qué obras a la ligera, por qué intentas un asunto que no es nada adecuado para ti? Déjalo a los capaces, a los que se adornan con ello. No acarrees también tú por ti mismo una vergüenza a la filosofía, ni formes parte de los que calumniaban tu tarea. Si te atraen los preceptos, siéntate y *dales vueltas en tu interior*. Pero no te llames a ti mismo filósofo ni admitas que otro te lo llame, sino di: «Está equivocado. Pues yo ni deseo de modo distinto a como lo hacía antes ni siento impulsos hacia otras cosas ni asiento a otras cosas ni he cambiado nada en absoluto en el uso de las representaciones desde mi situación anterior». Piensa y di de ti mismo eso si quieres pensar con propiedad. Si no, jugue-tea y haz lo que haces. Eso es lo que te cuadra. (II, 21, 17-24) La cursiva es mía

Y es que en este tema, Epícteto ha pinchado hueso, pues la de filósofo no es una tarea cualquiera (como, al parecer, sí lo era en su época, con auténticas legiones de 'cínicos' deambulando por las calles en busca de acólitos). No, para nuestro autor, he-redero del santo Sócrates, la del filósofo es una misión sagrada, encomendada por el dios a quien, seleccionado por él mismo, debe cumplir el destino de guiar a los hombres por el recto ca-mino de la virtud:

> Has de saber que [el filósofo] ha sido enviado como mensajero de Zeus a los hombres, para hacerles ver que están engañados sobre los bienes y los males, pues buscan la esencia del bien y del mal en otra parte, donde no está, y que no se dan cuenta de dónde está (II, 22, 23)

Por este motivo "el filósofo ha de estar libre de distracciones, todo él *al servicio de la divinidad*, capaz de frecuentar el trato de los hombres, no atado a deberes particulares ni implicado en relaciones que, al transgredirlas, ya no pueda preservar su papel de bueno y honrado y, por el contrario, manteniéndolas, eche a perder al mensajero y espía y heraldo de los dioses" (III, 22, 69). ¡Casi nada! De plantearles estos requisitos a nuestros actuales aspirantes a 'filósofos', no me cabe duda de que la convocatoria quedaría desierta; que no lo sea es porque quien nos llama no es la autoridad real, sino una impostada...

Llegados a este punto, deben quedar ya pocas dudas en el lector acerca de por qué tengo a Epícteto por el más severo heredero del legado de Sócrates (del Sócrates de Jenofonte, se entiede, no del de Platón): es en sus enseñanzas donde encontramos de manera más clara y diáfana, sin circunloquios abstrusos ni excursos estrambóticos, la traducción de la doctrina en unos términos que nos conciernen a todos, con independencia del oficio o de la ocupación a la que pensemos dedicarnos. Ante la perspectiva de tomar un camino en la vida, Epícteto, como un buen padre, aconsejaría al novicio: "conócete a ti mismo; indaga en lo que el dios te pide a ti, y solo a ti; pregúntate si estás dispuesto a pagar el precio que él te imponga para cumplir con tu misión; y únicamente si la respuesta es positiva, ¡adelante con ello!". Nada, pues, de perseguir los sueños o del 'derecho' (!) a ser lo que uno quiera: eso es propio de un niño que juega a ser adulto, sin ser consciente de lo que implica dedicarse *en cuerpo y alma* a algo. Nuestra vocación es cosa seria, sin duda lo más serio que tenemos en la vida, pues en ella se anudan nuestra voluntad y la del dios, nuestro quehacer diario y la tutela real y efectiva que, durante su ejercicio, nos brindará para guiarnos con pulso firme y sin vacilación.

Sin una comprensión profunda del valor de la vocación para el individuo, no es posible captar la riqueza y la densidad del legado socrático, en la medida en que este tiende un puente sólido entre la persona y el dios, entre la peripecia concreta de la vida real y su significado general en un plano abstracto. Incluso aquellos que, siguiendo sin ambages su destino personal, y a pesar de haber puesto en la picota la idea misma del dios, de la providencia y del destino personal, negando a la existencia humana cualquier atisbo de trascendencia, sin ni siquiera saberlo estarán siendo deudores de una manera de comprender al ser humano que podemos considerar como la propia del humanismo occidental: la única en la cual los hombres y los dioses bailan una danza cósmica donde todo tiene sentido porque todo es bello, bueno y verdadero.

EL ARTE DE SABERSE PARTE

"Tan sólo al ser racional se le ha concedido la facultad de acomodarse de buen grado a los acontecimientos, y acomodarse, a secas, es necesario a todos".

(*Meditaciones*, X, 28)

Que todo un emperador romano leyese y se sintiese deudor (intelectual y moral) de un liberto griego como Epícteto no deja de ser una bonita ironía histórica que, a la postre, avala una de las tesis fundamentales del humanismo, tal y como lo comprendemos en este libro: que la razón nos hermana a todos y hace *tabula rasa* de las diferencias de carácter social, étnico, geográfico o de cualquier otra índole. Al cabo, lo sustancial es la naturaleza humana, nuestra común condición de criaturas mortales dotadas de lenguaje.

Que Marco Aurelio leyó las *Disertaciones por Arriano* es un hecho constatado por los historiadores de la filosofía, además de fácilmente comprobable por las citas textuales que aparecen incrustadas en sus *Meditaciones*. Aparte, resulta más que evidente la impronta del maestro en muchos pasajes: sus advertencias en torno al papel esencial de las 'impresiones' acerca del bien y el mal; el carácter prescindible de ciertos 'valores' que no son tales (la riqueza, el prestigio) frente a la suma importancia de la rectitud en el juicio; el protagonismo del "regente" o "principio rector", según las traducciones, a la hora de conducirse en la vida... entre muchas otras. La diferencia es que, mientras Epícteto no escribió nada y se limitó a difundir su doctrina de viva voz en su escuela de Nicópolis, el emperador Marco Aurelio se guardó sus reflexiones para sí y las consignó para un uso particular, privado: *Para mí mismo*, es la frase que constaba en la primera página del manuscrito (perdido) con sus anotaciones. Ello no fue óbice para que, en la literalidad del texto, se preserve la tensión dialéctica que caracteriza el de su modelo, de manera que el autor se desdobla en dos papeles, el de maestro y y el de discípulo de sí mismo, a modo de examen de conciencia y severo recordatorio de los principios que han de guiar su conducta cotidiana.

Uno de los defectos que más irritaba a Epícteto era el de la "ingratitud" del "impío" (que "desprecia los favores de la divinidad", II, 23, o peor, cree que ni siquiera le debe nada, porque todo lo estima 'mérito propio' o, peor aún... ¡un derecho!). Tal vez por ese motivo Marco Aurelio inicia su obra con un listado exhaustivo de todo aquello que estima que debe agradecer a terceros: a sus progenitores; a su maestro Frontón; a su padre adoptivo, Antonino; a sus preceptores y amigos... Eso sí, reserva para el final un amplio epígrafe consagrado a los dioses, cuyos numerosos dones quiere retener siempre en la memoria, ya que (en la línea trazada por el Sócrates de Jenofonte) ninguno de ellos estaba en sus manos obtenerlos sino que, necesariamente, han tenido que ser *concedidos*: nacer en la familia que lo hizo, ahorrarse ciertos lances y tentaciones que podrían haber arruinado su entereza, y en especial "el haberme representado claramente y en muchas ocasiones qué es la vida acorde con la naturaleza, de manera que, en la medida que depende de los dioses, de sus comunicaciones, de sus socorros y de sus inspiraciones, nada impedía ya que viviera de acuerdo con la naturaleza, y si continúo todavía lejos de este ideal, es culpa mía por no observar las sugerencias de los dioses y a duras penas sus enseñanzas" (I, 16). Conmueve descubrir en el amo del universo de la época esta conciencia de que, por muy autárquico que uno quiera creerse que es, sin ese 'auxilio divino' es más que probable que pocos superaríamos la condición de pobres diablos...

Se ha dicho hasta la saciedad que ni Marco Aurelio ni los llamados 'estoicos imperiales' merecen especial atención, ya que no innovan el legado de sus maestros mayores ni destacan por el modo en que lo interpretan. Bien, esa es una opinión que sólo se puede sostener desde la atalaya de la filosofía especulativa, para la cual únicamente importa la densidad conceptual, o desde la historiografía progresiva, que únicamente atiende a las rupturas cualitativas y no a las interpretaciones preservativas, tan importantes por lo demás para comprender la pervivencia de la propia cultura occidental. Ni Epícteto ni su maestro Musonio Rufo, por no hablar de Séneca o del propio Marco Aurelio, mostraron intereses reflexivos que sobrepasasen el de dar con el mejor método para llevar al terreno de la existencia personal las doctrinas a las que se habían abrazado: no sentían ningún interés en enredarse en disquisiciones teóricas acerca de la virtud, el bien o la felicidad, puesto que sabían perfectamente en qué consistían (se lo habían explicado sus maestros); lo que sí les urgía era brindar caminos de acceso a ellos, o desbrozar los que ya existían pero se habían cubierto de hierba, en el bien entendido de que, sin esa encarnación de las ideas en la vida personal, ningún conocimiento tiene valor alguno. Ya le advirtió Séneca a su corresponsal, Lucilio, que "la filosofía no enseña a hablar, sino a actuar, y exige que todo el mundo viva conforme a su ley, que la vida no contradiga la palabra y que no exista discrepancia entre los diferentes actos de la vida" (carta XX). Lo que busca el humanista es la pauta suprema, aquella que ya no admite discusión porque se basa en el conocimiento de la naturaleza humana, de sus límites y de su más íntima vocación: fuera de ello solo hay presunciones y debates estériles; solo así los actos podrán orientarse por una vía segura, y el conocimiento estará al servicio de una praxis adecuada. Nada que no hubiesen enseñado ya el Sócrates de Jenofonte o Demócrito, cuando denunciaba a esos "falsos y aparentemente buenos que lo hacen todo de palabra y no de hecho" (82).

Que los auténticos herederos del espíritu socrático, los más atentos a su mensaje integral (según lo hemos venido glosando en las páginas interiores), son los estoicos imperiales –y no los platónicos o los aristotélicos, como se afirma en los manuales de filosofía al uso– se debe a su atención extrema, por no decir casi exclusiva, a la conducta personal como escenario donde los principios teóricos se realizan y concretan y, así, pueden desplegar toda su verdad. Mientras que los platónicos, los aristotélicos y los estoicos antiguos (de los estoicos medios hablaré en otro momento), por mucho que apelen retóricamente a la dimensión práctica del mensaje del maestro, se entregan de un modo casi exclusivo a disquisiciones abstractas de sobras conocidas por el lector, Séneca, Epícteto y Marco Aurelio obvian estas cuestiones –sin despreciarlas– para enfatizar el valor de la actitud justa, correcta, racional y pertinente; eso sí, dicha actitud no se despliega en el vacío, lo cual le restaría cualquier relación con la sabiduría y se apartaría de la senda abierta por Sócrates, sino que constituye la manifestación inequívoca de que el saber impregna la totalidad de la persona, la cual no lo percibe ya como un repertorio de referencias externas a él, pues forman parte de su propio estar (de su "saber estar", podríamos decir) en el mundo.

Este valor existencial del saber me parece clave para la conformación de lo que vendrá a llamarse "humanismo" a lo largo de dos milenios. Desde luego, los estoicos imperiales no fueron quienes pusieron sus bases teóricas pero, al incidir en esa dimensión personal de forma reiterada, incluso percutiva (en el caso de Epícteto), lograron imprimir a dicho legado una claridad y una contundencia que, a corto, medio y largo plazo, contribuyeron a su difusión e implantación. Es evidente que estos autores, sin las investigaciones previas de toda una pléyade de filósofos –pues ellos mismos no lo fueron ni lo pretendieron ser, al menos en el sentido que hoy en día le otorgamos al término–, no habrían podido pronunciarse con la soltura con que lo hicieron: sin la fundamentación del bien y de la virtud por parte de Platón; sin la depuración de los conceptos éticos, políticos, físicos y metafísicos, así como de las técnicas lógicas y retóricas, por parte de Aristóteles; sin la contribución de Panecio y de Posidonio a la hora de adaptar el estoicismo antiguo a una escala más humana, menos severa y más amigable; o sin el papel esencial que asumió Cicerón a la hora de trasladar y de adaptar los conocimientos de la filosofía griega al mundo romano en su conjunto, casi nada de lo que postularon los estoicos imperiales habría sido concebible. Con todo y con eso, del mismo modo que cabe aceptar esta deuda originaria, es preciso reconocerles también una contribución monumental al acervo interlectual, moral y espiritual de Occidente, el cual se deja sentir aun incluso en nuestros días, tan reacios a cualquier planteamiento que pase por nociones como *deber*, *razón*, *providencia* o *autocontrol*. Basta con repasar someramente la historia europea de los últimos dos mil años para encontrar elementos del estoicismo imperial, ya sea entre sabios y pensadores, entre poetas y dramaturgos, ello por no hablar de políticos y estadistas. Cierto es que dicha pervivencia ha venido de la mano de la asimilación (algunos hablarían de una simple concomitancia) de no pocos principios estoicos por parte del cristianismo, el cual consintió en que ambos formasen una suerte de 'tándem' doctrinal de comprobada eficacia ética, cívica y social. Sin la impronta que dejó en la cultura europea el estoicismo imperial –o mejor sería decir: sin su función catalizadora de unos valores que formaban parte del incipiente humanismo occidental, y de los cuales él mismo brindó una versión sintética, comprensible y accesible al común de los mortales dotados de una alfabetización suficiente y un espíritu ávido de autenticidad–, nuestro mundo habría sido peor de lo que fue.

Personalmente, en los textos de Séneca, de Epícteto y de Marco Aurelio siempre encuentro inteligencia, lucidez y comprensión de la naturaleza humana, al mismo tiempo que una especial habilidad para espolearnos a mejorar sin ceder a engaños ni concesiones. Desde luego, estas virtudes forman parte del que he llamado 'espíritu socrático', y no tengo claro que la filosofía académica le haya reconocido a dichas virtudes una especial relevancia. De hecho, en sus actitudes personales, Epícteto se podría considerar en muchos sentidos un 'Sócrates redivivo'; tanto es así que él mismo llegó a afirmar: "Epicteto no será superior a Sócrates, pero si tampoco es peor, con eso me basta" (*Disertaciones*, I, 2, 36). A. A. Long, el gran experto sobre la filosofía helenística, afirmó en su estudio sobre él que "he appropriates Socrates more deeply than any other philosopher after Plato"... y yo me atrevería a decir: mejor incluso que Platón.

Pero basta con esto. Volvamos a Marco Aurelio, en cuyas *Meditaciones* no por azar ni como fruto de las modas siguen encontrando los hombres del siglo XXI, al menos, algún motivo para la reflexión... lo cual no es poco. Se plasma en el libro una conciencia clara, y exigente, en torno a "lo necesario y lo conveniente para el conjunto del universo, del que formas parte" (II, 2). Y es que lo que es cierto y bueno para uno, lo es para el otro; el cosmos y el individuo se someten a una misma ley, el λόγος: lo hemos visto antes, la razón humana es una "chispa divina" y el orden que rige la creación es el mismo que gobierna a la criatura.

Para Marco Aurelio, asumir que se "forma parte" de un conjunto coherente, ordenado y armónico (un todo "combinado, ensamblado y solidario", IV, 27) es –como discípulo de Epícteto y, además, como buen romano y como hombre clásico, en suma– un artículo de fe, si podemos llamarlo así. Son abundantes en las *Meditaciones* las referencias a este concepto, pero además a este 'sentimiento' personal de la necesidad de reconocerse a sí mismo como miembro del todo, y conducirse de acuerdo con ello: "Para cualquier *parte* de naturaleza es bueno aquello que colabora con la naturaleza del conjunto y lo que es capaz de preservarla" (II, 3), "Preciso es que a partir de este momento te des cuenta de qué mundo eres *parte* y de qué gobernante del mundo procedes como emanación" (II, 4), "Nadie te impide obrar siempre y decir lo que es consecuente con la naturaleza, de la cual eres *parte*" (II, 10), "Subsistes como *parte*" (IV, 14), "Comprueba cómo te sienta la vida del hombre de bien que se contenta con la *parte* del conjunto que le ha sido asignada y que tiene suficiente con su propia actividad justa y con su benévola disposición" (IV, 25)...

Las invocaciones de Marco Aurelio a esa unidad primordial del todo son constantes, hasta el punto de postular una homogeneidad ontológica que, aunque resultado de una abstracción, no deja de operar en el ámbito de lo real;

> Concibe sin cesar el mundo como un ser viviente único, que contiene una sola sustancia y un alma única, y cómo todo se refiere a una sola facultad de sentir, la suya, y cómo todo lo hace con un solo impulso, y cómo todo es responsable solidariamente de todo lo que acontece, y cuál es la trama y contextura. (IV, 40)

Este holismo extremo pierde su carácter opresivo desde el momento en que: a) coincide con la realidad de las cosas; b) es natural y no puede ser de otro modo; c) ha sido dispuesto por la divinidad y, en cuanto tal, exige la adhesión; y d) contempla la libertad personal, en la medida en que es el propio individuo quien debe decidir voluntariamente acomodarse o no al conjunto, pues podría optar por no hacerlo... eso sí, a un alto precio:

¿Alguna vez viste una mano amputada, un pie o una cabeza seccionada yacente en alguna parte lejos del resto del cuerpo? Algo parecido hace consigo, en la medida que de él depende, el que no se conforma con lo que acaece y se separa, o el que hace algo contrario al bien común. (VIII, 34)

La inscripción del individuo en el todo no se produce, empero, de manera espontánea, puesto que de ser así la propia sabiduría resultaría ociosa: es fruto del esfuerzo. Dado el carácter indomable del ser humano, sometido a las pasiones y a los impulsos primarios, cada cual ha de emprender un peregrinaje que le llevará, en caso de resultar existoso, a encajar sin esfuerzo en el orden global del cosmos. Como ya hemos visto, esta travesía consiste en una serie de etapas sucesivas: conocerse a sí mismo, descubrirse como ser racional, comprender su lugar en el mundo ("aquella tarea que justifica mi existencia y para la cual he sido traído al mundo", V, 1) y, para poder desempeñarla, lograr dominar los apetitos instintivos y conducirse de acuerdo con la dignidad alcanzada. Se trata de una *ascética* que desemboca en una *mística* fusión con el todo, si bien desprovista de toda connotación emotiva: más bien es la actitud propia de un soldado de un ejército, sobria y austera por el alto sentido del deber ético que entraña su mantenimiento.

Este aspecto es importante: la 'realización' personal que supone incorporarse 'racional', 'libre' y 'voluntariamente' al orden cósmico, no se logra de una vez y para siempre, al modo de la iluminación búdica, sino que nos exige una vigilancia continua, un examen severo de los propios actos y disposiciones, para asegurarnos en todo momento de que nos estamos conduciendo de acuerdo con lo propio de nuestra adquirida condición. Como la del funambulista sobre el cable, la existencia digna de ser llamada humana consiste en un esfuerzo permanente por mantener el equilibrio y no perder la verticalidad; supone mil renuncias y sacrificios, pero todo ello a cambio de hacerse acreedor de la más alta retribución, esa a la que todos –clásicos y modernos por igual– aspiramos: la de una existencia plenamente consumada, y consciente de serlo.

En cualquier caso, importa destacar que, frente a las teorías disgregadoras que todo lo separan y lo oponen entre sí, el estoicismo del romano Marco Aurelio defiende que la armonía del conjunto no es opcional, sino querida por el dios, 'sagrada', y como tal, inexpugnable a cualquier intento de quebrarla o desobedecerla:

> Todas las cosas se hallan entrelazadas entre sí y su común vínculo es sagrado y casi ninguna es extraña a la otra, porque todas están coordinadas y contribuyen al orden del mismo mundo. Que uno es el mundo, compuesto de todas las cosas; uno el dios que se extiende a través de todas ellas, única la sustancia, única la ley, una sola la *razón común* de todos los seres inteligentes, una también la verdad, porque también una es la perfección de los seres del mismo género y de los seres que participan de la misma razón. (VII, 9) La cursiva es mía

Esta "razón común", de la que ya hablaba Heráclito en el fragmento 23 (22 B 114), no supone que todas las criaturas ocupen la misma ubicación en el conjunto, al contrario: cada una de ellas tiene un espacio propio en él: "Cada cosa nació con una misión, así el caballo, la vid. ¿Por qué te asombras? También el Sol, dirá: «he nacido para una función, al igual que los demás dioses»" (VIII, 19). El humano, que es el único ser que comparte con el dios la capacidad racional, no puede carecer de misión, pero tampoco le vale cualquiera: "Y tú, ¿para qué? ¿Para el placer? Mira si es tolerable la idea", espeta Marco Aurelio a los epicúreos y sus acólitos. No,

> la dicha del hombre consiste en hacer lo que es propio del hombre. Y es propio del hombre el trato benevolente con sus semejantes, el menosprecio de los movimientos de los senti-

dos, el discernir las ideas que inspiran crédito, la contemplación de la naturaleza del conjunto universal y de las cosas que se producen de acuerdo con ella. (VIII, 26)

Esto, en lo que atañe a los seres humanos en general. Ahora bien, dentro de la sociedad (que, como no podía ser de otra manera, el emperador romano Marco Aurelio percibe en cuanto unidad, y no como un agregado de elementos heterogéneos) cada cual también ha de asumir un papel propio, y no uno cualquiera: por eso es importante conocerse a sí mismo ("Cava en tu interior", VII, 59) para descubrir cuál es el cometido al que el dios nos llama a nosotros, y solo a nosotros, pues "el que no sabe para qué ha nacido, tampoco sabe quién es él ni qué es el mundo". (IX, 52). En este asunto crucial, empero, Marco Aurelio no se extiende demasiado; aun así, urge: "indaga qué te corresponde de acuerdo con tu naturaleza y afánate en buscarlo, aunque carezca de fama" (XI, 16). Lo importante es que nuestra dedicación redunde en beneficio del conjunto de la ciudad, de la patria, de la humanidad: "Al igual que tú mismo eres un miembro complementario del sistema social, así también toda tu actividad sea complemento de la vida social" (IX, 23). En este tema, como en muchos otros, Marco Aurelio se muestra digno epígono de los maestros de pensamiento romano, en especial, de Cicerón. Veamos por qué.

En *Sobre los deberes*, el arpinate sintetiza una amplia herencia recibida –y en especial, la del legado de los estoicos griegos Panecio y Posidonio– que incide en el necesario compromiso entre la vocación del hombre por insertarse en el todo, y la de hacerlo de una manera individualizada: así, el conjunto se beneficia de las virtudes de la parte, y la persona experimenta el goce de saberse útil para la armonía general. Todos y cada uno de nosotros somos únicos, irreemplazables, y en el ejercicio de nuestras competencias individuales apreciamos nuestra singularidad sin dejar de beneficiar a los demás.

En esta línea de reflexión, se percata Cicerón de que, así como muchas cosas son las que compartimos con otros seres humanos, otras nos pertenecen en exclusiva:

> La naturaleza nos ha dado dos papeles: uno es el general, por el hecho de que todos estamos dotados de razón y de la preeminencia por la que aventajamos a las bestias; de él procede lo honorable y lo apropiado en conjunto y en él encontramos una vía para descubrir nuestro deber. El otro, en cambio, es el que corresponde a cada uno en particular. En efecto, así como entre los cuerpos hay grandes disparidades –vemos que unos destacan en velocidad para la carrera, otros para la lucha, en fuerza; y que en los rasgos de unos hay dignidad, en los de otros, belleza—, así también en los ánimos se dan contrastes, incluso mayores. (I, 30, 107)

La correcta manera de conjugar ambos planos, el general y el particular, es desplegar aquello que es solo nuestro, en el bien entendido de que detrás (o por debajo) de ello está la naturaleza, el *logos* universal, componiéndolo todo en beneficio de la armonía del conjunto. Eso sí, debemos asegurarnos de no poner en peligro lo que compartimos con los demás: "Hay que proceder de tal manera que no pretendamos nada contra la naturaleza universal, pero, una vez respetado esto, sigamos la nuestra peculiar" (I, 31, 110). Este equilibrio resulta especialmente importante a la hora de decantarnos por una ocupación, ya que en nuestra cualidad de ciudadanos debemos contribuir a la sociedad con el desempeño de una tarea concreta. Es aquí cuando cobra importancia la correcta administración de nuestros talentos naturales y la destreza a la hora de encauzarlos en una profesión determinada: "Sobre todo hay que determinar quiénes y qué clase de persona queremos ser y en qué ocupación, lo que constituye la elección más difícil de todas" (I, 32, 117), ya que de no acertar podemos comprometer nuestra propia ubicación en la sociedad, que es tanto como decir en el cosmos. Por eso "al elegir hay que remitir toda determinación a la naturaleza propia de cada uno" (I, 33, 119), y ello se consigue indagando en sí mismo, examinándose y descubriendo cuál es el papel que se nos ha reservado en la comedia de la vida.

> Ciertamente, si en todo lo que se emprende intentamos saber qué es lo apropiado a partir de las cualidades con que cada uno nació en su momento [...] con más razón a la hora de establecer la vida entera hay que aplicar una mayor atención, para que a lo largo de toda la vida podamos ser coherentes con nosotros mismos y no flaquear en ningún deber.

Eso sí, en la determinación de nuestra propia ocupación no podemos desentendernos de su utilidad social, pues, parafraseando a Platón, "no hemos nacido solo para nosotros" (I, 7, 22); por ello, "debemos seguir la guía de la naturaleza en lo de poner a disposición general los bienes de utilidad común mediante la prestación de servicios, aportando y recibiendo". Llega al extremo Cicerón de censurar a quienes se consagran egoístamente a los estudios sin preocuparse de los beneficios que puedan reportar a los demás, pues "el conocimiento y contemplación de la naturaleza estarían en cierta medida mancos e incompletos si no se siguiera de ellos alguna actuación. Ahora bien, esta actuación se discierne sobre todo cuando se cuidan los intereses de la gente"; en conclusión, dicha utilidad social "hay que anteponerla al conocimiento" (I, 43, 153).

Como buen romano, Cicerón, al igual que Marco Aurelio, posee un sentido sumamente desarrollado de la dimensión social del individuo, y ambos coinciden en apelar tanto a la naturaleza común como a la vocación personal para lograr la armonía de la comunidad: de hecho, no dejan de cooperar entre ellas si uno reflexiona acerca de lo que el dios le pide en beneficio de la armonía del todo, del mismo modo que Sócrates comprendió la dimensión cívica de la tarea a la que le urgía el oráculo. Escribe el emperador: "¿Qué mal te sobrevendrá si haces ahora lo que es propio de tu naturaleza, y aceptas lo que es oportuno ahora a la naturaleza del conjunto universal, tú, un hombre que aspiras a conseguir por el medio que sea lo que conviene a la comunidad?" (XI, 13). Se trata de tener siempre en mente aquello que, a modo casi de jaculatoria, se repite una y otra vez en las *Meditaciones*, y que es tan válido para un emperador romano del siglo I como para un ciudadanos de a pie del siglo XXI:

Soy parte del conjunto universal que gobierna la naturaleza; luego, que tengo cierto parentesco con las partes que son de mi mismo género. Porque, teniendo esto presente, en tanto que *soy parte*, no me contrariaré con nada de lo que me es asignado por el conjunto universal. Porque éste nada tiene que no convenga a sí mismo, dado que todas las naturalezas tienen esto en común y, sin embargo, la naturaleza del mundo se ha arrogado el privilegio de no ser obligada por ninguna causa externa a generar nada que a sí misma perjudique. Precisamente, teniendo esto presente, a saber, que *soy parte* de un conjunto universal de tales características, acogeré gustoso todo suceso. Y en la medida en que tengo cierto parentesco con las partes de mi misma condición, nada contrario a la comunidad ejecutaré, sino que más bien mi objetivo tenderá hacia mis semejantes, y hacia lo que es provechoso a la comunidad encaminaré todos mis esfuerzos, absteniéndome de lo contrario. Y si así se cumplen estas premisas, forzosamente mi vida tendrá un curso feliz. (X, 6) La cursiva es mía

EL PRIMADO DE LA VOLUNTAD

La vida bienaventurada se da como premio a la
buena voluntad y la miserable a la mala.

(Sobre el libre albedrío, I, XV, 31)

Que San Agustín constituye el último gran pensador clásico y
el primero cristiano es algo comúnmente aceptado; por su origen y su formación, así como por sus inquietudes más profun-
das, sintetiza la gran tradición grecolatina (la que mana de los
presocráticos Heráclito y Demócrito y, pasando por Sócrates y
Platón, desemboca en el estoicismo) y habilita a la sociedad occidental para la gran metamorfosis que supone el cristianismo
en todos los órdenes: intelectual, moral, espiritual y también
social. No se trata, en modo alguno, de una sustitución, sino de
una evolución natural –como él mismo quiso interpretar en *La
ciudad de Dios*– subsiguiente a la encarnación de Dios en Cristo, para la cual en cierto modo la humanidad se había estado
preparando... desde siempre.

En este capítulo nos centraremos en recoger y mostrar el uso
que San Agustín hace del legado socrático, sobre todo, a través
del análisis de la presencia de ciertos conceptos en el libro I de
su obra *Sobre el libre albedrío*, en la cual se demuestra la pervivencia de una tradición que bien podemos calificar de 'humanista', al menos en los términos en que la entendemos aquí. Se
trata de uno de sus tratados considerados 'filosóficos' y, escrito
en Roma, se articula en forma de diálogo entre dos interlocutores, el autor y un tal Evodio. A diferencia de la naturaleza es-
casamente dialéctica de gran parte de los diálogos propiamente

clásicos, en este sí se percibe una auténtica 'cooperación' entre ambos participantes para poder avanzar en la investigación, hasta el punto de que alguna de las tesis centrales del mismo la enuncia, no Agustín, sino Evodio; por ejemplo, esta que aparece al final del libro I: "Todos los pecados se reducen a apartarse el hombre de las cosas divinas y de verdad permanentes y entregarse a las mudables e inciertas. Que aunque éstas se encuentren perfectamente jerarquizadas en su naturaleza y tengan su propia belleza, es, sin embargo, propio de un alma perversa y desordenada hacerse esclavo en la búsqueda de aquellos" (16, 35).

Presentada formalmente como una teodicea, esto es, como un intento de explanación del origen del mal en un mundo que se defiende como creado y sostenido por un dios bueno e infalible, la obra pone sobre la mesa las bases de una ética racional deudora de la socrática, y tiende así un puente de incalculable valor entre dos mundos que, de no ser por San Agustín, tal vez no habrían podido hermanarse como lo hicieron en muchos casos (cierto es que no en todos). La propia tradición humanista, que postula la unidad profunda que subyace a las mejores doctrinas, distingue al obispo de Hipona como uno de sus mayores patronos, junto al 'pagano' Cicerón y al 'ciceroniano' San Jerónimo: ambos Padres de la Iglesia fueron autores que, duchos en las fuentes clásicas, supieron ponerlas al servicio de la verdad revelada, fusionándolas —siempre en la medida de lo posible— en una propuesta común. Que dicha síntesis resultó exitosa lo avala el que los pensadores adscritos al humanismo occidental no han querido prescindir de ninguno de los dos manantiales: el de Grecia y Roma, por un lado, y el la Biblia, por el otro.

Aunque *Sobre el libre albedrío* despeja desde el principio todas las dudas acerca de la responsabilidad última del mal en la tierra ("cada hombre que no obra rectamente es el verdadero y propio autor de sus malos actos", I, 1, 1), en una línea que no se aleja de la expuesta ya por Homero en la *Odisea* ("Es de ver cómo inculpan los hombres sin tregua a los dioses achacándonos todos sus males. Y son ellos mismos los que traen por sus propias locuras su exceso de penas", I, 32-34), el autor estima pertinente desarrollar de manera argumentada en qué se basa dicha convicción, ya que, como él mismo afirma, "lo que ahora nos preocupa es entender lo que creemos" (4, 10). Y es que San Agustín, digno heredero del legado socrático, estima que no basta con vivir, hay que saber vivir: "una cosa es vivir y otra muy distintas saber que vivimos" (7, 16); y este saber, solo se puede adquirir mediante el ejercicio de la razón: "saber no es otra cosa que percibir por la razón". Antes, ya había advertido la profunda simbiosis entre conocimiento y acción correcta: "todo el que aprende, entiende, y todo el que entiende, obra bien" (1, 3). Por lo tanto, si queremos conducirnos como hombres justos, antes tendremos que comprender qué es lo justo, para así poder discernir en cada ocasión, a la luz de nuestra razón, cuál es el comportamiento adecuado.

Ahora bien, para San Agustín existe, como para todos los humanistas, no una pauta o ley que hay que conocer y respetar, sino dos: la temporal y la eterna; si la primera cambia en función del lugar y el momento (hasta el punto de que, como ocurrió en Roma, en ciertas ocasiones fue preferible la república al poder de uno solo, y en otras al revés), la segunda permanece al abrigo de la variación. Esta última es la que hay que descubrir y seguir, según el autro, pues quienes se atienen solo a la primera se verán confundidos y desengañados por la inconsistencia inherente a lo efímero y circunstancial:

> Ag: —Llamemos, pues, si te parece, ley temporal a la que, aun siendo justa, puede, no obstante, modificarse justamente según lo exijan las circunstancias de los tiempos.
> Ev: —Llamémosla así.

> Ag: —Y aquella ley de la cual decimos que es la razón supre-
> ma de todo, a la cual se debe obedecer siempre, y que castiga a
> los malos con una vida infeliz y miserable, y premia a los bue-
> nos con una vida bienaventurada; y en virtud de la cual justa-
> mente se da aquella que hemos llamado ley temporal, y justa-
> mente también se la cambia, ¿dudará de que es inmutable y
> eterna cualquiera persona inteligente? (6, 14-15)

Esta diferencia no nos debe hacer creer que la ley temporal es
arbitraria y convencional, de manera que quedaría en manos de
los pueblos determinar su contenido (hasta el punto de que para
una cultura algo podría ser honesto y para otra, deshonesto), y
la ley eterna se vería relegada para una instancia ulterior, o quizás para usos muy concretos; por el contrario, "nada hay justo
y legítimo que no lo hayan deducido los hombres de esta ley
eterna", de manera que aquella solo sería merecedora de llamarse 'ley' en la medida en que se someta a esta. No estamos
hablando únicamente de una oposición entre iusnaturalismo y
contractualismo, sino de una cosmovisión dual, si no dualista,
que se remonta a los pitagóricos y que llega hasta el propio San
Agustín por influencia platónica. Esta dualidad se concreta en
el hombre pues posee un cuerpo mortal, como los animales, y
una razón inmortal, como los dioses; en su mano está el decantarse hacia uno u otro lado de la balanza, en el bien entendido
de que nuestra más íntima vocación es hacerlo por lo permanente y divino, y no por lo perecedero e instintivo.

> Cuando lo que hace al hombre superior a las bestias, llámese
> mente o espíritu, o con más razón, ambas cosas —ya que una y
> otra encontramos también indistintamente en los libros divi-
> nos— domina en él e impera a todos los demás elementos de
> que consta el hombre, es entonces cuando éste se halla perfec-
> tamente ordenado [...] Cuando la razón, mente o espíritu go-
> bierna los movimientos irracionales del alma, entonces, y sólo
> entonces, es cuando se puede decir que domina en el hombre

lo que debe dominar, y domina en virtud de aquella ley que dijimos que era la ley eterna. (8, 18)

Al someterse libremente a la ley eterna, el hombre trasciende lo temporal y accede a un ámbito que comparte con los dioses, que es el de la verdad. Conocer la verdad es la condición *sine qua non* para que una persona devenga plenamente humana; de no hacerlo, permanecerá en un estado larvario, poco distante del del animal, ya que vivirá solo atenta a lo transitorio: a las riquezas, al prestigio, a la *cupiditas*... Y quien así haga, no podrá quejarse del estado postrado en el que acabará encontrándose al haber ejercido de manera inapropiada su libre albedrío, pues nadie que se confíe al impulso de la materia puede esperar otra cosa que inestabilidad y caos:

> ¿Debe acaso considerarse pequeño castigo el que los bajos instintos dominen a la mente, y el que después de haberla despojado del caudal de su virtud, como a miserable e indigente, la arrastren de acá para allá, ya aprobando y defendiendo lo falso por verdadero; ya desaprobando poco después lo que antes había aprobado, precipitándose, no obstante, en nuevos errores; ya suspendiendo su juicio, dudando las más de las veces de razonamientos clarísimos; ya desesperando en absoluto de encontrar la verdad, sumiéndola por completo en las tinieblas de la estulticia; o bien tomando con empeño el abrirse paso hacia la luz, para caer de nuevo extenuada por la fatiga?

Teniendo además en cuenta que las pasiones ejercen sobre ella su cruel y tiránico dominio, y que a través de mil encontradas tempestades perturban profundamente el ánimo y vida del hombre, de una parte con un gran temor, y de otra con el deseo; de una con una angustia mortal, y de otra con una vana y falsa alegría; de una con el tormento de lo perdido sumamente amado, y de otra con un ardiente deseo de poseer lo que no tiene; de una con un sumo dolor por la injuria recibida, y de otra con un insaciable deseo de venganza. Adondequiera que este hombre se vuelva, la avaricia lo acosa, la lujuria lo consume, la ambición lo cautiva, la soberbia lo hincha, la envidia lo atormenta, la desidia lo anula, la obstinación lo aguijonea, la humillación lo aflige, y es, finalmente, el blanco de otros innumerables males que lleva consigo el imperio de la pasión. ¿Podemos, digo, tener en nada este castigo, al que, como ves, se hallan necesariamente sometidos todos los que no poseen la verdadera sabiduría? (11, 22)

Con el genio retórico que había adquirido Agustín durante sus días en Roma, asistimos a un auténtico sermón edificante, de inspiración filosófica y un carácter estrictamente moral –hasta el punto de que, por ahora, no ha necesitado echar mano de citas bíblicas, como sí hará, y profusamente, en otro tratado dedicado al mismo tema, *Sobre la gracia y el libre albedrío*–, en el cual se nos recuerda la auténtica vocación humana y se nos conmina a estar a la altura de su plena dignidad. No se trata de que ante cada cual se presente una disyuntiva entre dos opciones, ambas plenamente asumibles: la del cuerpo o la de la mente, la del mundo o la de la eternidad; es que el hombre, para la tradición humanista –y, aquí, para el propio Agustín– 'debe' decantarse por la mente y por la eternidad, so pena de abdicar de su posición eminente en el cosmos. (En efecto, por si a estas alturas alguien podía tener alguna duda, el humanismo occidental es 'especista' y 'antropocéntrico'... a más no poder).

Para poder consumar la excelencia ontológica a la que está llamado, el ser humano ha sido dotado de un arma de un valor incalculable, la libre voluntad: "de nuestra voluntad depende el que gocemos o carezcamos de un bien tan grande y tan verdadero" (12, 26). Pero no basta con ello, porque por la fuerza de la libre voluntad también se mueven los errados para llevar a término sus fechorías: además, la voluntad ha de ser 'buena'.

Ev: —¿Qué es la buena voluntad?

Ag: —Es la voluntad por la que deseamos vivir recta y honestamente y llegar a la suma sabiduría [en comparación con la cual] las riquezas, los honores, los placeres del cuerpo o todas estas cosas juntas [...] han de tenerse por abyectísimas. (12, 25)

En el libro II de *Sobre el libre albedrío*, afirma San Agustín que es precisamente nuestra inalienable libertad para elegir el camino de la verdad y no el del error lo que nos hace susceptibles de ser juzgados por Dios como virtuosos o pecadores, pues de no poder optar por uno u otro seríamos, propiamente, 'inocentes'. Si el hombre

no puede obrar rectamente sino cuando quiere, síguese que por necesidad ha de gozar de libre albedrío, sin el cual no se concibe que pueda obrar rectamente. Y no porque el libre albedrío sea el origen del pecado, por eso se ha de creer que nos lo ha dado Dios para pecar. Hay, pues, una razón suficiente de habérnoslo dado, y es que sin él no podía el hombre vivir rectamente. Y que nos ha sido dado para este fin se colige del hecho de castigar a Dios, de aquí puede entenderse por qué es justamente castigado por Dios a quien usa de él para pecar.

Sería injusto ese castigo si el libre albedrío nos hubiera sido dado no sólo para vivir rectamente, sino también para pecar. En efecto, ¿cómo podría ser castigado el que usara de su libre voluntad para aquello que le fue dada? Así pues, cuando Dios castiga al pecador, ¿qué te parece que le dice, sino estas palabras: «Por qué no usaste del libre albedrío para lo que te lo di, es decir, para obrar el bien»?

Por otra parte, si el hombre careciese del libre albedrío de la voluntad, ¿cómo podría darse aquel bien que sublima a la misma justicia, y que consiste en condenar los pecados y en premiar las buenas acciones? Porque no sería ni pecado ni obra buena lo que se hiciera sin voluntad libre. Y, por lo mismo, si el hombre no estuviera dotado de voluntad libre, sería injusto el castigo e injusto sería también el premio. Mas por necesidad ha debido haber justicia, así en castigar como en premiar, porque éste es uno de los bienes que proceden de Dios. Luego era preciso que Dios dotara al hombre de libre albedrío. (II, 1, 3)

Esta argumentación no se aleja de la que plasma Nemesio de Emesa, coetáneo de San Agustín, en su tratado *Sobre la naturaleza del hombre*, en el cual arremete contra toda forma de determinismo (tanto astral como metafísico) para defender de manera decidida la libertad del hombre en cuanto ser racional, pues "Dios, nuestro Creador, nos ha hecho autónomos". Se pregunta retóricamente el filósofo: "¿De qué le serviría [al hombre] deliberar, si no es señor de ninguna acción?". De hecho, defiende que "en todos los hombres es infuso el conocimiento de lo que depende de nosotros", lo cual entronca directamente con la tesis estoica ¡y socrática! de la necesidad de discernir con lucidez los límites de nuestra capacidad personal, pero también de la importancia de potenciar hasta sus últimos extremos el radio de nuestra libertad y, por ende, de nuestra responsabilidad. Razón y libertad se reclaman mutuamente: "El ser dotado de razón debe estar dotado necesariamente de autonomía", remata. ¡Qué maravillosa defensa de la dignidad humana, dotada desde su origen de la capacidad de pensar y, por ello, de saberse libre! Y ello en el siglo V d.C., muchísimo antes de que naciera Kant...

Advierte Nemesio de Emesa, en plena concordancia con Agustín: "Está en nuestro poder realizar acciones virtuosas o malas, elegirlas, movernos hacia una cosa o hacia otra y realizar aquello de lo cual podemos hacer igualmente lo contrario, ya que la elección precede a toda acción". No somos víctimas de las circunstancias, ni presos del contexto en el que nacemos: nuestra libertad es "infusa", y toda persona la percibe de manera intuitiva. La antropología cristiana, en este caso patrística (de la que Gregorio de Nisa constituye la cúspide, con su tratado sobre *La creación del hombre*), defiende de manera radical la dignidad natural del hombre, dotado por igual de autonomía y responsabilidad, pues quien puede pensar puede elegir, y quien puede elegir puede equivocarse, y pagar por ello: "Desde el momento en que hay quienes hacen las cosas con rectitud, es claro que los que no las hacen se equivocan voluntariamente"; y añade, para que no quede ninguna duda: "somos malos por elección y no por naturaleza". (En este punto, Sócrates intercedería para apostillar que, si elegimos ser malos, es porque ignoramos en qué consiste realmente el bien, es decir... porque no sabemos lo que nos hacemos).

La majestuosa empresa de Nemesio de Emesa quedaría incompleta si se nos arrojase a la indigencia de una libertad abstracta, desamparada, alejada de Dios (el cual, a su vez, se vería peligrosamente degradado si, al modo epicúreo, se desentendiese de su criatura para entregarse a una oprobiosa ociosidad celeste). Por ello no ha de sorprendernos que los últimos capítulos del libro estén consagrados al tema de la providencia, a la cual ya ha advertido anteriormente que corresponde "asignar a cada cual lo que le conviene a cada uno", de nuevo en una línea que remite a la doctrina estoica y, más allá aún, a la concepción griega del destino. Ahora bien, la providencia no se describe de una manera totalitaria, impávida e incluso despersonalizadora, sino que "ella vigila sobre nosotros de muchas maneras diferentes", pues "la providencia es, por un lado, común, y por otro particular", de acuerdo con esa doble dimensión a la que aludía Cicerón en *Sobre los deberes*. Para Nemesio, la providencia resulta esencial en la delicada arquitectura del cosmos pues, de suprimirla, "la injusticia sería permitida a todos", "se eliminarían asimismo la misericordia y el temor de Dios, y se descartarían con ello la virtud y la piedad". Ante la perspectiva de que la libertad del hombre le permitiera homologar el bien y el mal en un plano metafísico (aunque no, por supuesto, moral), proclama que "Dios es bueno, y si es bueno, es por consiguiente bienhechor, y si hace el bien, ejerce también la providencia". La providencia se constituye entonces en la garantía de que la Creación no se vea abocada al caos por la negligencia de esas criaturas peculiares que son las racionales: "A la creación pertenece hacer bien las cosas que llegan a existir; a la providencia, en cambio, cuidar bien todo lo que ha sido creado".

No, a Dios no le somos indiferentes, ni estima igual de respetable que, en cuanto autónomos, decidamos obrar el bien o el mal: por el contrario, vela por nosotros con una paternidad amorosa, hasta el punto de que a cada persona concreta la reconoce "por la forma de su apariencia y por el timbre de la voz". Para Dios, todos somos únicos, del mismo modo que una madre ama por igual a todos sus hijos, pero a cada cual por un motivo distinto. De ahí que la providencia sea a la vez universal y común, pero atenta a la diferencia de cada hombre, ese "animal versátil" por definición: "Es necesario que la providencia que se adapta a cada uno sea diversa, variada, dividida en muchos y extendida para que coincida con la incomprensibilidad de lo múltiple". Así pues, Dios nos concede y acepta nuestra plena libertad, pero no se desentiende de nosotros, como un progenitor asume que sus hijos son entes separados de él, pero no por eso deja de amarlos y preocuparse por ellos. Así quedan preservadas tanto la autonomía personal (que debe ser moralmente gestionada por cada cual para ubicarse a la altura de su dignidad congénita) como la irrenunciable tutela que Dios ejerce, y no puede dejar de ejercer, sobre todas y cada una de sus criaturas, en un círculo virtuoso que arroba el corazón y eleva el ánimo.

Pero volvamos a Agustín y a su exposición acerca de la importancia de la libre y buena voluntad para alcanzar ese fin propio del hombre que es conducirse racionalmente. Y es que si la voluntad merece el calificativo de 'buena' es en la medida en que aspira a bienes imperecederos, que son los dignos de la mente (o del espíritu: Agustín emplea ambos términos en esta obra en un sentido análogo) sólo en virtud de la cual podemos considerarnos plenamente humanos. De la mano de la buena voluntad, esto es, de la orientada al bien supremo y a ninguna otra cosa, es como el hombre podrá alcanzar aquello a lo que todos aspiramos: la felicidad.

> Ag: —¿Crees tú que hay hombre alguno que no quiera y no anhele ante todo una vida feliz?
> Ev: —¿Quién duda que todo hombre lo quiere? (14, 30)

La felicidad ha de ser entendida aquí, no como una sensación subjetiva de euforia (al modo de nuestros contemporáneos, mucho más preocupados por lo que sienten que por lo que piensan, saben o hacen), sino como un estado objetivo de cumplimiento o realización: en términos aristotélicos, de potencia que ha devenido acto pleno o, para utilizar los que hemos venido empleando hasta aquí, como vocación consumada. Para Agustín, en cuanto hombre clásico que no puede dejar de serlo, "la vida bienaventurada es el gozo de los bienes verdaderos y seguros" (13, 29), de modo que, para poder obtenerlos y conservarlos, le basta con proponérselo, pues "una misma cosa para él es el querer algo y el poseerlo" (13, 29); en ello reside la primacía de la (buena) voluntad: en que, al estar orientada hacia los bienes ciertos, no puede desviarse en ningún momento del camino que conduce, necesariamente, hasta ellos. Este optimismo antropológico, rayano en el voluntarismo, comulga con el que manifiestan los socráticos de todas las épocas, y en concreto los estoicos imperiales, para los cuales, como hemos visto, un recto saber se traduce en una libre y consciente inserción en el cosmos (en la aceptación de la "ley eterna"), y de todo ella dimana esa noble y legítima 'felicidad' de la cual están priva-

dos quienes ni saben lo que hay que saber, ni quieren lo que
hay que querer:

> No es de extrañar que los hombres desventurados no alcancen
> lo que quieren, es decir, una vida bienaventurada, ya que, a su
> vez, no quieren lo que le es inherente y sin lo cual nadie se ha-
> ce digno de ella y nadie la consigue, a saber, el vivir según la
> razón. (14, 30)

Esta idea no se halla en absoluto alejada de la que expuso el
estoico Cleantes en su *Himno a Zeus*, donde afirmaba que "los
desdichados, tratando siempre de alcanzar el bien, no avizoran
la ley universal de Dios ni la escuchan ya que, si la obedecie-
ran, con el entendimiento lograrían una vida feliz". La plenitud
del hombre, en efecto, consiste en satisfacer su íntima naturaleza, que no es otra que la de conducirse racionalmente atendiendo a los bienes imperecederos que dicta la ley eterna: tal es
la tesis que expone San Agustín en el libro I de *Sobre el libre
albedrío*, o la que defiende Séneca en la carta LXXVI, cuando
afirma: "¿Cuál es la cosa propia del hombre? La razón, que si
es recta y consumada, procurará al hombre felicidad cumpli-
da". Ni uno ni otro se apartan de las enseñanzas de Sócrates, tal
como hemos mostrado en el primer tramo de este libro. Bien es
verdad que, en otras obras suyas, San Agustín —ya plenamente
consagrado a su tarea pastoral— matizará su confianza en la capacidad del hombre para alcanzar por sí mismo la plenitud,
ponderando la importancia esencial de la gracia de Dios. Alu-
damos a ello someramente.

En *Sobre la gracia y el libre albedrío* (una obra dirigida a Va-
liente y sus monjes del monasterio de Hadrumeto) redunda San
Agustín en sus ideas ya expuestas, al afirmar que "los mismos
preceptos divinos de nada servirían al hombre si no tuviera libertad para cumplirlos, y así llegar al premio prometido" (I, 2):
de ahí que "nadie haga a Dios responsable cuando peca, sino

cúlpese a sí mismo" (III, 5). Esta obra, escrita al rescoldo de la polémica antipelagiana, está tan trufada de citas bíblicas, que puede resultar en ocasiones de ardua lectura; ello no obsta para que el argumento principal prolongue, matice y complemente el que ya encontramos en *Sobre el libre albedrío*. Lo que aborda San Agustín en este texto es el papel esencial de la gracia divina para poder mantener enderezado el rumbo de la voluntad, a la cual ya no reconoce como dueña y señora de sí misma: ahora, "la victoria sobre el pecado es don de Dios, que ayuda a la libre voluntad en este combate" (IV, 9), llegando al extremo de afirmar que "no basta la libre voluntad humana, a menos que la victoria sea por Dios concedida", ya que, si falta su auxilio, "cae el hombre, no sostenido, sino precipitado por su libre albedrío" (VI, 13). De algún modo, la gracia divina "con nosotros coopera" (XVII, 33) al hacernos capaces de nutrir la voluntad adecuada para cumplir sus mandatos. Se trata de un argumento teológico sumamente alambicado aunque imprescindible para pararles los pies a esos que "tanto exaltan el libre albedrío, que lo destruyen" (XIV, 27)... un reproche que bien se podría extender a nuestros contemporáneos, tan enamorados de su libertad que acaban por no saber en qué emplearla.

Esta drástica rebaja del entusiasmo que Agustín había mostrado anteriormente se debe a que comprendió que, sin la oportuna sordina a la confianza humana en sus propias fuerzas, corre el riesgo el hombre de creer que es él quien se salva a sí mismo, bien por sus propios méritos como defendían los pelagianos, o por su soberano esfuerzo en mantenerse en el camino de la verdad como postulaban los estoicos. San Agustín se muestra en este texto, sí, mucho más católico que clásico, pero no abandona el marco conceptual que hemos venido sosteniendo en este libro pues, según constatamos en su momento, para los humanistas somos capaces de muchas cosas (de ahí el inmenso valor de la buena voluntad, del conocimiento y del esfuerzo), pero no lo podemos todo (de ahí la necesidad de la gracia, es decir, del auxilio divino): de lo contrario, nos hallaríamos ante una doctrina prometeísta y deicida, que es al fin y al cabo la que sostiene la Modernidad y la que goza de predicamento en el Occidente del siglo XXI. Pero San Agustín, como hombre aún clásico, se encuentra muy lejos de defender tal cosa, al revés: asume sin ambages el marco conceptual de la herencia grecolatina (tan respetuosa de los límites insoslayables entre los hombres y los dioses) para fecundarla con la luz del Evangelio y proyectar el legado de Sócrates hacia el futuro. De este modo, aseguraba la continuidad de una estirpe que llegaría –maltrecha y magullada, pero aún viva y fecunda– hasta el mismísimo umbral del Renacimiento europeo.

PIA PHILOSOPHIA

Que el considerado padre del humanismo renacentista, Francesco Petrarca, elija a San Agustín (y no, por ejemplo, a Cicerón) como interlocutor para una de sus obras más hondamente personales, el *Secretum*, no es fruto del azar: responde a la voluntad del aretino de erigirse en heredero del obispo católico y de su perfil sintético del legado clásico y cristiano. En efecto, el autor del *Cancionero* quiso hacer convivir su devoción por la Roma antigua con su compromiso sincero con el Evangelio, y ello se plasma en el uso abundantísimo de referencias clásicas y cristianas tanto en sus obras de creación con en su epistolario.

Para quienes no estén familiarizados con la dimensión religiosa de Petrarca, a quien muchos han calificado de forma impropia como un 'premoderno', baste este pasaje de una de sus *Seniles*, donde se manifiesta firmemente contrario a la astrología, para constatar su inequívoca adscripción espiritual, en la cual percibimos también claros ecos estoicos:

> ¿Por qué nos enredáis con una superstición extraña? Obedecemos a Aquel que nos creó y después de crearnos nos gobierna, y a su vez ha creado y gobierna el cielo y las estrellas, y a la hora de crearnos y gobernarnos necesita tan poco la ayuda de las estrellas como a la hora de crear o gobernar las estrellas necesita nuestra ayuda. Si en nosotros hubiera lugar para el poder de otro, le rendiríamos igualmente el culto debido; ahora, sabemos que no debemos nada a otro. Si algo de bueno hay en nosotros, de Él proviene; todo lo malo, en cambio, de nadie proviene sino de nosotros mismos; de no ser así no podría ser objeto de castigo toda vez que provendría de otro. Así pues, procurad no confundir a Dios con sus criaturas. Pero si a la postre escogéis el error, dejadles el camino de la verdad y de la vida a quienes anhelan llegar a Aquel que es "camino, verdad y vida" (I, 7, 21). La cursiva es mía

La idea de que nada hay que imputarle a Dios, pues el responsable del mal es quien lo perpetra, y que en mano de cada cual está el "escoger", resulta plenamente agustiniana y por ende socrática. Ahora bien, es en los *Remedios de varia fortuna* donde encontramos una impregnación clásica más explícita por parte de Petrarca, más allá de su impenitente idolatría por los personajes célebres de la antigüedad,. En ella defiende unos valores que, aunque comunes en Occidente desde el siglo V a. C. , en la actualidad se perciben como anticuados y caducos, cuando no 'medievales' (el comodín del necio). ¿Y qué valores son esos? Los enuncia el propio autor: "el alma, la virtud, la fama [en cuanto recta reputación], la paz, el sosiego y la seguridad". Para el aretino, "el único camino seguro y recto es el que pasa por la virtud" (una convicción socrática), y quien se aparta de él está condenado a subsistir con "una venda en los ojos, un lazo en los pies y un cepo en las alas". A esta conclusión llega el autor tras constatar que, si echamos una mirada en derredor, comprobamos que "las cosas humanas cambian continuamente, y bajo el cielo no hay nada firme. ¿Quién esperará que algo permanezca entre tanto torbellino?"; que "gran parte de las cosas humanas está hecha de sombras, [y] que gran parte de los mortales se alimenta de viento y se divierte con fantasías". Ello nos lleva a adoptar opiniones falsas, a sostener juicios erróneos y a confundir el valor auténtico de las cosas, tomando lo accesorio por esencial y (mucho peor aún) lo fundamental por prescindible. Esta distorsión en el modo en que interpretamos el mundo y nuestra propia ubicación en él es la que combate Petrarca en los *Remedios*, tratando de desmontar mediante la Razón todos y cada uno de los "falsos ídolos" del Gozo. Su propósito no es otro que el que ha guiado a los sabios, poetas, filósofos y profetas de todos los tiempos: el de llamar a los hombres a la verdad, sacudiéndoles del sopor en el que se hallan sumidos y que les induce a perseverar en vanas ilusiones mundanas, en lugar de guiarse por la luz del espíritu. (Recordemos que ya Heráclito, el más socrático de los presocráticos, discernía en los fragmentos 22 B 1 y 22 A 16, entre los hombres despiertos, los sabios, y los que duermen, los necios).

> Despertad, pues, los que dormís. Ya es hora de abrir los ojos soñolientos. Acostumbraos de una vez a pensar en las cosas eternas, a amarlas y desearlas, y a despreciar a un tiempo las que son perecederas. Aprended a apartaros espontáneamente de las cosas que no pueden estar mucho tiempo con nosotros, y a abandonarlas con el ánimo antes de que ellas os abandonen.

Y es que "conviene complacerse con los bienes verdaderos y firmes, no con los falsos y perecederos" (una lección aprendida de San Agustín, en clara línea con las enseñanzas de Platón). El primer paso para abandonar la senda que conduce al despeñadero es "que los hombres no excediesen sus limitaciones ni el orden natural, tantas veces confundido por la necedad humana" (un principio plenamente clásico, que aborrece la ὕϐρις). Ante todo, en la vida "es preferible el término medio", de acuerdo con la máxima clásica Μηδὲν ἄγαν (nada en exceso) que figuraba en el frontón del templo de Apolo en Delfos, y que impregna la cultura occidental desde sus albores hasta el Romanticismo, cuando el poeta William Blake afirmará, en una línea claramente prometeica, que "la senda del exceso lleva al palacio de la sabiduría".

Petrarca, en su amor incondicional por la medida y su rechazo del exceso, no tiene nada de 'moderno': su espíritu es clásico, incluso arcaizante (no 'medieval'). Para el autor, el presente es una edad degradada en comparación con el esplendor de la Roma antigua, y su apelación constante a los poetas y a los filósofos del pasado no obedece a un prurito pedantesco o decorativo, sino a su honda convicción de que desde entonces el mundo ha ido a peor y que la única solución para nuestros males consiste en restablecer, restaurar incluso, la armonía perdida. A despecho de la visión que de él quieren dar los manuales escolares, Francesco Petrarca no era un 'adelantado a su época' o el primer heraldo de la nuestra, sino un reaccionario de armas tomar. De ahí su animadversión hacia su propia época, de la cual abominaba, y no solo en esta obra, sino en *La vida solitaria* o en *De la propia ignorancia y la de muchos*, entre otras.

Frente a los tópicos que combate con denuedo en los *Remedios* (y a fe que no deja títere con cabeza, arremetiendo contra las riquezas, la gloria, la belleza corporal, el falso prestigio de la juventud, las esperanzas en el éxito de nuestras empresas mundanas, la abundancia excesiva de amigos, ¡incluso los muchos libros!), Petrarca erige un modelo de hombre perfecto, el sabio, que entronca con el que se propugnaba desde la Grecia arcaica y que nada tiene que ver con el erudito, al revés, es su perfecto antónimo, pues "la sabiduría no se alcanza con el estudio de unos pocos años como otras disciplinas: es necesario el esfuerzo de toda una vida, por larga que sea" (una idea recurrente, entre otros, en Cicerón y en Séneca). Quienes se jactan de haber accedido al conocimiento simplemente por haber cursado unos estudios académicos, o por ejercer la profesión docente, ignoran que "los títulos no bastan para hacer sabios a quienes no lo son, aunque los conviertan en nobles, insignes, reverendos, ilustres y aun serenísimos, de modo que llegan a avergonzarse de un título tan simple como el de sabio", cuando lo cierto es que "la sabiduría verdadera es inseparable de la virtud", es decir, de la vida práctica. En estas palabras no puede dejar de percibirse la densa impronta del Sócrates de Jenofonte y su permanente llamamiento a privilegiar los actos sobre los discursos:

> El conocimiento de las letras sólo es útil si se pone en práctica y se confirma con obras, no con palabras. De otro modo, muchas veces se confirma, como está escrito, que el conocimiento

hincha de vanidad. Entender con claridad y prontitud muchas e importantes cosas, recordarlas con seguridad, contarlas de modo brillante, escribirlas con arte y declamarlas placenteramente, si todas estas cosas no tienen aplicación a la vida, ¿qué son sino instrumentos de una vacua petulancia, qué son sino trabajo y ruido sin provecho?

Petrarca se extiende sobre la materia, pues no en vano aspira a encarnar ese paradigma de hombre "prudente, justo, firme, humilde, inocente y piadoso" que "no desea lo excesivo, sino lo necesario, pues aquello a menudo es perjudicial y esto es provechoso siempre", aunque sea plenamente consciente –como se pone de manifiesto una y otra vez en las páginas del *Secretum*– de que ha quedado lejos de materializar su aspiración, la cual quizás no logre nunca en esta vida. *Eppur...* no ceja en el empeño, "se afana de continuo" (se esfuerza por alcanzar la excelencia, como es propio de cualquier hombre comprometido con el legado clásico y su enseñanza más propia), aconsejando a ese otro 'yo' que es su imaginario interlocutor el modo de perseverar en el camino de la virtud: "Acuérdate del pecado para lamentarlo; acuérdate de la muerte para refrenarte; acuérdate de la justicia divina para temer, y de su misericordia para no desesperar".

Frente a la superficialidad de un mundo desprovisto de toda virtud y víctima de la desmesura fruto de las peores pasiones (de la codicia, de la vanidad, de la inconstancia, la lujuria, la falsedad), el aretino sólo tiene un remedio infalible: "Menosprecia las cosas terrenales y aprende a suplicar y a esperar las celestiales". No hay otra vida virtuosa que la piadosa, aquella que se reconoce a sí misma como precaria y transitoria porque se halla en camino hacia otra superior, esta sí, plena y permanente. En una carta consigna su opinión acerca de la vida terrena, y la retahíla de oprobios es tan larga, que bastará para hacerse una idea con reproducir las dos primeras líneas: "un arduo camino de fatigas, una palestra de peligros, un teatro de engaños, un laberinto de errores, una broma de bufones, un desierto espantoso, una charca fangosa"... (*Seniles*, IX, 11) y así, durante dos páginas. Frente a este espectáculo lamentable, se yergue esplendoroso el del otro mundo, el futuro, el auténtico, allí donde rigen la verdad eterna y la permanencia definitiva:

> ¡Oh, morada celestial, alegre y siempre la misma, donde nada es pasado ni futuro sino que todo es presente, donde nada se echa de menos ni se espera, sino que se goza de un bien real y presente, donde lo que una vez agradó siempre agrada y siempre agradará, inmutable y eterno, pues alivia el deseo del gozador de modo que no lo atenúa, lo cumple de modo que no lo acaba y lo refresca de modo que lo enardece; ese bien ninguna saciedad lo hurta o puede hurtarlo, no hay miedo de que mengüe, de que cambie, de que traiga preocupación o molestia alguna! Dichoso el caminante que al final llega allá guiado por el Misericordioso. Nosotros estamos aquí todavía, donde todas las cosas son variables, desgraciados, sin duda, si no fuera porque la esperanza y la paciencia dan consuelo a nuestras almas (*Seniles*, III, 9).

Para quien asume este estado de cosas, es decir, para el hombre que aspira a realizar su vocación más propia y se encamina hacia la consecución de esas "cosas más altas" (una expresión que también encontramos en Cicerón y en Séneca) que colocan al hombre por encima de las bestias, es preciso dar la espalda "a los placeres efímeros o a las vilezas mundanas", empuñar el rumbo de la propia existencia y orientarla con paso firme hacia su meta connatural:

> Casi todo vuestro tiempo lo perdéis, lo desperdiciáis y aun lo menospreciáis como si se tratase de algo vil y sin valor. Ojalá lo empleaseis en la virtud o al menos en la fama y no en un deshonor inicuo e insolente; aunque cualquier cosa que no se emplea en aquello para lo que nos fue dada puede con justicia

114

llamarse perdida. *Para este fin nació el hombre*, y el tiempo le fue concedido para honrar y amar a su creador. *Todo lo que se encamina a otros fines, claro está que se pierde*. (La cursiva es mía)

Ese "honrar al Creador" no consiste ni mucho menos en una contemplación arrobada, pasiva, sino en una milicia activa en favor de la virtud, en el perfeccionamiento de uno mismo y en postular la superioridad de la verdad eterna por encima de las ilusiones vacuas y cambiantes con que se nos trata de confundir. Contra el *carpe diem*, el *memento mori*: "piensa en la sepultura". Recuerda que habitas un cuerpo mortal, sí, pero que "el alma es inmortal". "Sigue, pues, a tu espíritu, que te llama para cosas mejores, y presta oídos a la verdad, que a gritos te dice: «No busquéis las cosas visibles, que son temporales, sino las invisibles, que son eternas»". La perspectiva de la muerte, en lugar de acobardarte, debería ilusionarte, pues te permitirá dejar atrás "esta vida incierta y fugitiva", la cual, "vista por sí sola, no es más que una tienda de infinitas miserias", para domiciliarte, al fin, en "una morada celestial y eterna". Allí, tu parte mejor, el alma inmortal, conocerá al fin la perfección que le niega, con sus vaivenes, la realidad última de las cosas, la cual "la mente no puede penetrar, porque está cubierta de su velo mortal, y cuyo entendimiento es un deseo natural de todos los hombres, especialmente de quienes se dedican al estudio". Una afirmación, como se sabe, tanto platónica como agustiniana, tanto clásica como cristiana.

La importancia del estudio para tratar de aproximarse, en la medida de lo posible, a "la realidad última de las cosas" (y, con ello, a la plenitud existencial) resulta, para Petrarca, de primer orden, y a ello dedicará unas páginas muy bellas en otra de sus obras señeras, *La vida solitaria*. En este libro, donde el autor pondera el valor del ciceroniano *otium cum dignitate*, propone el cultivo de las 'letras' como un camino introspectivo idóneo para mejorar en la tarea impuesta, la de perfeccionarse espiritualmente para merecer la salvación: "la soledad sin letras es destierro, cárcel, potro de tormento; añádele las letras y es patria, libertad, goce"; para ratificar lo dicho, apela a la autoridad de Séneca quien, en la carta LXXXII, afirmó que "el ocio sin letras es muerte y sepultura de un hombre vivo". Por supuesto, no se trata de matar el tiempo leyendo cualquier novelucha de evasión mientras esperamos el día del Juicio Final; hablamos del cultivo atento de un saber fundamentado en los clásicos griegos y latinos, en el Evangelio y en los Padres de la Iglesia. Sólo entonces podrá afirmar: "la soledad es santa, sencilla, irreprochable y, sin duda, la experiencia humana más pura", pues en ella se accede al conocimiento de uno mismo, tras "juzgarse con rectitud y severidad", y nos hacemos merecedores de Dios. Es únicamente tras "mandar los vicios al exilio" cuando resultamos dignos de la gracia divina: "purifiquemos esos ojos interiores con que las realidades invisibles se contemplan: veremos que ahí está Cristo", nuestro auténtico amigo y amado, puesto que "del trato continuo y fiel entre Dios y el hombre, resulta una familiaridad como no puede haberla entre dos seres humanos". El estudio, pues, adquiere su sentido en cuanto vía de acceso a la trascendencia; sin ella, no pasaría de pasatiempo inocuo. Es precisamente esa consagración a los "estudios honorables" lo que diferencia la soledad petrarquiana del mero *dolce far niente*:

> Quiero una soledad no sola y un ocio no inerte ni inútil, sino uno que, desde la soledad, sea provechoso para muchos. [...] Admito para el ocio no esas actividades más volubles que el viento, sino las destinadas a permanecer, aquellas que no acaban en fatigas, lucro o deshonor, sino en deleite, virtud y honra. Prescribo vacaciones para el cuerpo, no para el alma; prohíbo echar durante el ocio el ingenio a descansar, si no es para restaurarse y volverse más fecundo tras ese intervalo, pues, como ocurre con los campos, tales paradas suelen ser de mucho

provecho a las mentes. Es más, no solo acojo en mi soledad a las nobles ocupaciones, sino que las hago venir, porque no hay compañía más llevadera que esa ni se puede concebir otra más agradable y, sin ella, la vida es una desgracia, ya la pase uno en las ciudades o en los bosques.

Ya Séneca había hablado en su carta LXVIII (entre otros textos) de la necesidad para el sabio del retiro, el cual no consiste en dar la espalda a la humanidad, sino en ocuparse de reflexionar acerca de lo que a esta más le acucia: "Nunca se halla más ocupado el sabio que cuando contempla las cosas divinas y las humanas", una contemplación en la cual ya había depositado Cicerón el contenido de la sabiduría en las *Tusculanas*, 5, 7, empleando las mismas palabras. (Como habrá podido constatar el lector a lo largo de las páginas de este libro, los humanistas de todas las épocas gustan de emplear las mismas palabras para referirse a las mismas obsesiones: no solo no les preocupa innovar, sino que incluso les parece de mal gusto).

La dialéctica entre vida activa y contemplativa es una constante en el corazón mismo del humanismo, pues si bien resulta indudable su natural vocación por el bien común y la utilidad pública (¿qué otra cosa hacía Sócrates cuando daba la espalda a sus propios intereses personales para atender a la corrección moral de sus conciudadanos?), ello no puede suponer el sacrificio de la necesaria soledad para examinarse a uno mismo y así conversar con el dios interior que guía nuestros pasos, a ser posible, con un libro ante los ojos y un utensilio de escritura en la mano. Si bien el encomio del estudio retirado es frecuente entre los grandes humanistas, tanto de la Antigüedad como del Renacimiento, lo cierto es que un somero análisis de sus respectivas trayectorias vitales demuestra que siempre vivieron atentos a su propia época y comprometidos con sus contemporáneos, cada cual de acuerdo con las circunstancias; así, mientras que Cicerón se sacrificó por la República siempre que le fue requerido (hasta el extremo de perder la vida por ella), un Petrarca o un Erasmo no dejaron de tratar de influir en la política de su tiempo a través de sus contactos personales con altos mandatarios civiles y eclesiásticos, sacrificando su deseo más íntimo: el de entregarse en cuerpo y alma al cultivo de su propio espíritu de la mano de las letras.

Sea como fuere, el estudio nunca debe dar pábulo al endiosamiento, es decir, a creernos dueños del saber, o a encumbrarnos por haber accedido a ciertos conocimientos. Que las letras han de estar al servicio de algo 'más alto' es algo que siempre está en la mente de los auténticos humanistas, y es lo que les diferencia de (y les enemista con) los eruditos, quienes confunden la sabiduría con una mera técnica de adquisición y retención de unos datos. Juan Luis Vives, en el último capítulo de *Sobre las disciplinas*, titulado "Vida y costumbres del humanista", aborda este problema en unas páginas en las que, no por azar, evoca en varias ocasiones el nombre de Sócrates:

> No hemos de consagrarnos al estudio exclusivamente por el estudio ni porque el espíritu sin ley y sin riesgo se recree y goce con el placer vano de la contemplación egoísta y el conocimiento interesado de las cosas. Sócrates dice no tener tiempo para la interpretación de las fábulas poéticas, porque todavía no se conoce a sí mismo y es cosa ridícula que quien se ignora a sí mismo se dedique a escudriñar lo ajeno; y mucho menos el fruto del estudio debe medirse por el dinero que produzca, que los hombres sesudos consideran ser el más abyecto y el más indigno fin del ingenio y el que más se aparta de su verdadero y sano objetivo.

El estudioso ha de ser consciente, en todo momento, de que la finalidad de sus lecturas no estriba en demorarse en ellas como una forma de entretenimiento, menos aún para obtener un goce inocuo: leyendo y escribiendo, y reflexionando detenidamente sobre lo leído y lo escrito, se trata de perfeccionarse a sí mismo en todos los planos, pero sobre todos ellos, en el moral y en el espiritual. Así evitaremos caer en la trampa de creer que por estudiar nos hacemos mejores personas, o peor aún, superiores a los demás, porque nuestra valía no depende de los libros que hayamos leído o escrito sino del uso que hagamos de ello. Este es el consejo que brinda Juan Luis Vives a los humanistas de todos los tiempos, y que merece la pena escuchar en nuestra época confusa y anodina:

> Meterá los ojos en sí mismo el seguidor de la sabiduría y no dará mayor asentimiento al testimonio ajeno que al incorruptible y callado testimonio de su conciencia. Ponderará consigo mismo con frecuencia la gran cantidad de cosas que ignora y que los otros no tienen la menor duda de que las conoce. ¡Cuántas veces se deja alucinar, cuántas veces resbala y se engaña y se aparta de la verdad a una distancia infinita! No sin una muy grave causa y razón Sócrates, a quien el unánime consentimiento de toda la Grecia llamó el sabio por antonomasia, pregonaba con una total convicción que ni él ni ningún otro sabía cosa alguna, afirmación rotunda que hizo suya luego una muy nutrida secuela de filósofos, que la retiene con muy consecuente tenacidad.

Vives anima al estudioso a "que no se detenga en sí mismo, que es muy peligroso el encumbrarse, ni derribe sus ojos al suelo para aplaudirse y halagarse a sí mismo con aquel honor que los hombres le tributan como si se lo hubiese granjeado por su propio merecimiento y valía"; por el contrario, si es honesto ha de admitir que todo ese saber libresco que atesora, ni es absoluto, ni es suficiente... y lo que es más importante, no es suyo, sino que lo ha recibido de 'otro':

A mí no me repugna que un varón docto se reconozca como tal y aún más sabio que los otros, pues no sería docto ni sabio si no lo percibiera. Lo que sí quiero es que reconozca los límites de esa sabiduría y que la refiera a Aquel de quien la recibió y de quien la posee como en depósito.

En efecto, de acuerdo con la doctrina socrática de que "solo Dios sabe", el conocimiento ha de apuntar a su fuente, que no es mundana y transitoria sino trascendente, eterna; de lo contrario, apenas pasaría de información. Incluso la propia capacidad personal (que resume en "ingenio, juicio, memoria, estudio") no nos la hemos concedido a nosotros mismos, pobres diablos, sino que nos han sido otorgadas.

Y dime, por favor: los tres primeros, ¿de dónde los obtienes? De Dios, ¿no? Sí alguna partícula de alabanza corresponde al varón docto, procede del estudio, que es el de menor valor, y el más baladí de todos. ¿Y qué decir, si a él te ayuda tu constitución física, no pesada ni torpe, y también la salud, todos dones ubérrimos de Dios?

Vives no se detiene en circunloquios ni trata de disimular sus convicciones tras un velo de diplomática equidistancia: la materia es demasiado seria como para contemporizar.

¿Qué cosa le queda, pues, al docto que sea completamente personal y pueda darle motivos de engreimiento? ¿Que lo quiso? Pero ¡cuántos habrían querido, si la bondad de Dios hubiera sido tan larga para con ellos como lo fue para contigo! Levántese, pues, el sabio muy por encima de esas rastreras alabanzas suyas a la contemplación de aquella santa y divina sabiduría, con cuyo más bajo fondo, como San Pablo dice, comparada toda la sabiduría humana, es pura locura. Despierte el alma dormida, avive el seso y considere que, si los hombres se impresionan tanto por el aspecto de una gota pequeñísima, ¿qué harían si se les concediera aquel eterno y copiosísimo manantial donde todas las cosas tienen su origen? Tras esto, adore con humildad al soberano Autor de tantos dones con espíritu agradecido, porque se dignó concedérselos con mayor abundancia que a otros y por haber querido que fuese él instrumento de alguna parte de su consejo y de su Obra, pues todos nosotros somos instrumentos de su voluntad. Por todas estas consideraciones, no haya hombre mortal dotado de tanta erudición y conocimiento de las cosas que piense que Dios necesita de él para dar efectividad a sus soberanos consejos.

Sería un error atribuir estas afirmaciones al hecho de que a Vives se le adscriba en las filas del 'humanismo cristiano' puesto que, como hemos visto a lo largo de este libro, forman parte de la entraña misma de la doctrina socrática y, de su mano, de la estoica. Deberíamos hablar, si acaso, de una *philosophia perennis* que englobaría a pensadores de distintas épocas y procedencias, hermanados por una común aspiración a la plena realización de nuestra naturaleza humana de la mano del conocimiento y de la piedad. Esta feliz síntesis de sabiduría y religión, entre vida teórica y práctica, que desborda las drásticas y artificiosas lindes establecidas por la Modernidad entre una y otra, es la que cultivaron los sabios de la Antigüedad y heredaron los humanistas del Renacimiento (desde Petrarca hasta Erasmo, pasando por Valla, Ficino o Pico della Mirandola, entre muchos otros, y que ya en el siglo XVI recibió el nombre de *pia philosophia* o de *docta religio*) y es también la que, en pleno siglo XXI, aún puede brindar una vía de acceso a un modo humano de estar en el mundo que sobrepase las tristes limitaciones del materialismo cientifista en boga. Desde luego, si un legado como el que compone el del humanismo occidental ha sido capaz de perdurar durante dos milenios y medio, y de embriagar a las mejores mentes con su mensaje inmarcesible, es porque no se trata de falacias pergeñadas para engañar a los incautos, sino de enseñanzas de un valor, si no eterno, al menos resistente al paso del tiempo.

Personalmente, al igual que le ocurrió a Sócrates en su momento (con quien no pretendo compararme, sino hacerme digno de su magna lección), si he de elegir entre servir al dios y atender a la llamada por la cual me dispone, en mi caso, hacia el cultivo de los estudios en beneficio propio y de los demás, o bien atender a los cantos de sirena según los cuales la vida humana no se diferencia en nada de la de cualquier otra criatura que nace, crece, a veces se reproduce y siempre muere, reduciéndose a ver pasar las horas entre magros consuelos materiales... no me cabrá ninguna duda, y elegiré seguir a Sócrates. Y si es preciso, hasta la cruz, es decir: hasta la cicuta.

LA LECCIÓN DEL HUMANISMO

Marco Tulio Cicerón, dignísimo heredero de los filósofos griegos y autor admiradísimo por San Agustín y por Francesco Petrarca y, dejó plasmado en las *Leyes* un magnífico encomio del hombre que vale la pena traer aquí a colación, porque permite tender un puente entre los autores abordados en este libro, conformando una lección unificada de humanismo transversal:

Este animal previsor, astuto, de muchos recursos, agudo, dotado de memoria, lleno de inteligencia y de reflexión, al que llamamos hombre, ha sido engendrado por el dios supremo con una condición privilegiada. Entre tanta variedad de tipos y naturalezas es el único de los seres vivos que participa de la razón y del pensamiento, mientras que todos los otros carecen de ellos. Porque ¿qué hay, no voy a decir ya en el hombre, sino en todo el cielo y la tierra más divino que la razón? A ésta, cuando ha crecido y ha alcanzado su total madurez, se la llama acertadamente sabiduría. Así pues, como no hay nada mejor que la razón y ella existe tanto en el hombre como en la divinidad, el primer vínculo del hombre con la divinidad es el de la razón. Ahora bien, quienes tienen en común la razón, tienen también en común la razón recta. Y puesto que ella es la ley, también se nos ha de considerar a los hombres vinculados con los dioses por la ley. Y lo que es más, entre quienes hay comunidad de ley, entre ellos hay comunidad de derecho. Pero, aquellos para los que estas cosas son comunes han de ser considerados como de la misma ciudad. Y si obedecen a las mismas autoridades y poderes, con mucha más razón obedecen a esta organización celestial y a la mente divina y al dios superior, de manera que por ello este mundo en su totalidad ha de ser considerado una sola ciudad, común a los dioses y a los hombres. Y el hecho de que en las ciudades según un cierto criterio, del que se tratará en el lugar oportuno, se diferencien las situaciones familiares de acuerdo con los parentescos, se produce de modo tanto más grandioso y tanto más maravilloso en el universo por cuanto los hombres están incluidos en el parentesco y linaje de los dioses.

En efecto, cuando se investiga sobre la naturaleza del hombre, suele hacerse el razonamiento –y sin lugar a duda es un razonamiento correcto– de que a lo largo de los continuos cursos y revoluciones de los astros se presentó el momento en cierto modo propicio para echar la semilla del linaje humano, que, esparcido y sembrado por la tierra, fue enaltecido con el don divino del alma, y mientras que los hombres tomaron de la condición mortal otros elementos frágiles y perecederos de los que están constituidos, el alma fue engendrada por la divinidad. Por ello puede hablarse con exactitud de parentesco de linaje o de estirpe entre nosotros y los dioses. Y así, entre tantas especies de seres vivos no hay ninguno, excepto el hombre, que tenga noción alguna de la divinidad, y entre los propios hombres no hay ningún pueblo ni tan pacífico ni tan fiero que, aunque desconozca cuál es el dios que ha de tener, no sepa, sin embargo, que ha de tenerlo. De esto resulta que está reconociendo la divinidad porque en cierto modo recuerda de dónde procede. Por otra parte la virtud es una misma en el hombre y en dios y no existe en ninguna otra especie; ahora bien, la virtud no es otra cosa que la naturaleza llevada a la más alta perfección; hay por tanto, una semejanza entre el hombre y dios. Y puesto que esto es así, ¿qué parentesco más próximo o más seguro puede haber? (I, 7, 22-25)

En este texto, cuya extensión y profundidad lo eleva a la condición prácticamente de manifiesto del humanismo, podemos encontrar todas y cada una de las tesis que este defiende, bien sea desde la ribera pagana, bien desde la cristiana: que el hombre ha sido creado por Dios y es de una naturaleza superior al estar dotado de alma y de razón, gracias a la cual descubre una pauta o ley común a la que debe someterse para estar a la altura de su condición nativa; por último, mediante el cultivo de la virtud, el hombre puede hacerse digno de su parentesco con la divinidad, que al fin y al cabo es a quien le debe tantos y tan preclaros dones. En otros pasajes, y en otros autores, esta matriz básica se enriquecerá con todo tipo de extensiones teóricas y prácticas, pero el núcleo esencial es este; y ni siquiera el epicúreo más recalcitrante ni el cínico más indomable dejará de suscribir dichas tesis (quizás algún escéptico... pero con la boca pequeña). Al fin y al cabo, el gran legado de Occidente se resume en un puñado de verdades perdurables, en las cuales se reconocen prácticamente todos los pensadores de todas las épocas y todas las latitudes... hasta llegar a la malhadada Modernidad, que rompe la continuidad con el pasado para tratar de instaurar una serie de creencias cuyas consecuencias intelectuales, espirituales, éticas y sociales padecemos en la actualidad.

Sea como fuere, de lo que apenas caben dudas es de que tanto Jenofonte como Cicerón, Séneca, Epícteto, Marco Aurelio, San Agustín, Francesco Petrarca o Juan Luis Vives, por solo ceñirnos a los autores a los que mayor atención hemos prestado en este libro, fueron, cada uno a su manera personal, unos magníficos portaestandartes del legado clásico (entendido en un sentido amplio: pagano y cristiano), y en todos ellos percibimos unas enseñanzas que son las mismas que determinaron a Sócrates a elevar la antorcha de la verdad frente a la demagogia, de la razón frente a la opinión, y del espíritu frente a la materia.

En un arco de prácticamente dos mil años, estos grandes ejes permanecieron invariables dentro de la propia tradición humanista, aunque no siempre con la clara conciencia de formar parte de ella; fueron los humanistas del Renacimiento, primero, y después nosotros, sus tataranietos, quienes al ver comprometida su vigencia hemos caído en la cuenta de la profunda coherencia de un legado que, ahora mismo, se encuentra al borde del abismo, atacado por varios flancos: por un cientifismo ramplón, que aplasta lo real a lo cuantitativamente mensurable; por un materialismo obsceno, que priva al hombre de cualquier dimensión espiritual, o que reserva esta a usos lúdicos o pintorescos; por un academicismo vacuo, al cual poco o nada le importa la necesaria extensión ética y práctica del conocimiento, ya que lo reduce a un documentalismo exangüe e inane; por unas hordas ideologizadas y crecientemente violentas, que tratan de arrojar al mar del olvido el gran tesoro del pasado...

Es por ello que, en el siglo XXI, quienes nos reconocemos herederos de esta tradición, de su importancia y de su necesidad, hemos de perseverar en transmitir e interpretar los textos de los grandes autores clásicos, pues de ellos emanan las esencias más preciosas y los valores más sólidos, eso sí, sin renunciar a establecer con ellos un diálogo crítico y fecundo. Porque, como ya advirtió Séneca, con su proverbial lucidez, en su carta LXIV:

> Venero los descubrimientos de la sabiduría y a sus autores; me place acudir a ellos como a un patrimonio legado por muchos. Tales verdades las han conseguido para mí, las han elaborado para mí. Hagamos, sin embargo, como un buen padre de familia: incrementemos las riquezas recibidas; que este patrimonio, engrandecido por mí, pase a la posteridad. Mas queda y quedará aún mucho por hacer; ni a mortal alguno después de mil siglos le faltará ocasión de aportar algo todavía. Pero, aun cuando todo haya sido descubierto por nuestros antepasados, será siempre nuevo tanto el uso, como el conocimiento y ordenación de los descubrimientos ajenos. [...] Los remedios del alma los hallaron los antiguos, pero indagar cómo y cuándo se han de aplicar es nuestro cometido. Mucho han conseguido nuestros predecesores, pero no lo han conseguido todo. Aun así se les debe venerar y dar culto como a dioses. ¿Por qué no voy a tener las estatuas de los varones preclaros como estímulo para el alma y celebrar su natalicio? ¿Por qué no he de nombrarlos siempre con respeto? La veneración que tengo a mis preceptores, la misma, debo a estos maestros del género humano, de quienes dimana el origen de un beneficio tan grande.

Si me encuentro con un cónsul o un pretor, otorgaré a ellos todos los cumplidos con los que suele dispensarse el honor debido a los personajes honorables: saltaré del caballo, me descubriré la cabeza, les cederé el paso. ¿Es que a uno y otro Marco Catón, a Lelio el Sabio, a Sócrates, a Platón, a Zenón y a Cleantes no les voy a dar cabida en mi ánimo con la máxima veneración? Por supuesto que yo les venero y me pongo siempre de pie ante nombres tan ilustres.

Con esta sincera actitud gratulatoria, pero no prosternada ante el pasado, los humanistas asumimos la parte de la responsabilidad que nos toca: la de recibir respetuosamente un legado dos veces milenario, el de estudiarlo con la máxima atención y el de compartirlo con nuestros contemporáneos de manera interpretativa, o sea, señalando sus luces y sus sombras, sus eventuales contradicciones y sus lógicas ocultas, para ponderar lo que pueda ser de utilidad (un concepto que algunos ponen en la picota en la actualidad, tildando su afición a las letras como algo 'inútil') para la curación de las almas y, sobre todo, para recordar y recordarnos en todo momento que somos seres humanos, es decir: las criaturas más dignas de la tierra, aquellas por las que todo recibe sentido y que, por ser las únicas dotadas de razón y libertad, han de estar a la altura de tan noble condición. ¿Cómo? Emulando a Sócrates: atendiendo al dios interior, a ese que nos indica cuál es nuestra misión personal, nuestra vocación más íntima, la cual redundará en beneficio de la comunidad, pues nuestro lugar es un lugar en el cosmos, no al margen de él.

En este libro hemos tratado de rastrear las huellas de algunos autores que, acogiendo e interpretando el legado de Sócrates, lograron abrir una senda por la que aún podemos, si lo queremos, transitar en nuestro camino hacia esas 'metas más altas' que son las que se nos exigen, en cuanto seres humanos. ¿Estaremos a la altura de la llamada del dios? ¿Prestaremos oído a su llamada? ¿Asumiremos y consumaremos nuestra vocación? En las manos de cada cual está dar respuesta a esta cuestión fundamental, al margen de la cual solo nos espera una existencia que en nada se diferencia de la de un topo. Y qué caída tan vertical, pudiendo llegar a ser águilas imperiales...

BIBLIOGRAFÍA

FUENTES

AA.VV. *Los filósofos presocráticos*, 3 vols. Varios traductores. Madrid, Gredos, 1986.

—, *Los estoicos antiguos. Fragmentos*. Traducción de A. J. Cappelletti. Madrid, Gredos, 2002.

Cicerón, Marco Tulio, *Los deberes*. Traducción de I. J. García Pinilla. Madrid, Gredos, 2014.

—, *Las leyes*. Traducción de C. T. Pabón de Acuña. Madrid, Gredos, 2009.

Epícteto, *Disertaciones por Arriano.* Traducción de P. Ortiz García. Madrid, Gredos, 2015.

Jenofonte, *Recuerdos de Sócrates. Económico. Banquete. Apología*. Traducción de J. Zaragoza. Madrid, Gredos, 1993.

—, *Ciropedia*. Traducción de A. Vegas Sansalvador. Madrid, Gredos, 1987.

Landino, Cristoforo. *Vida activa y contemplativa*. Traducción de J. L. Trullo. Sevilla, Cypress Cultura, 2024.

Marco Aurelio, *Meditaciones*. Traducción de R. Bach Pellicer. Madrid, Gredos, 1977.

Petrarca, Francesco, *Remedios para la vida*. Traducción de J. M. Micó. Barcelona, Acantilado, 2023.

—, *Mi secreto*. Traducción de R. Arqués. Madrid, Cátedra, 2011.

—, *Epistolario*. 4 vols. Traducción de F. Socas. Barcelona, Acantilado, 2024.

—, *La vida solitaria*. Traducción de J. Cotta. Sevilla, Cypress Cultura, 2021.

Platón, *Apología de Sócrates,* en *Diálogos, I.* Traducción de J. Calonge. Madrid, Gredos, 1981.

San Agustín, *De la gracia y del libre albedrío*, en *Obras*, X. Traducción de G. E. de Vega. Madrid, Biblioteca de Autores Cristianos, 1949.

—, *Del libre albedrío* en *Obras*, III. Traducción de E. Seijas. Madrid, Biblioteca de Autores Cristianos, 1947.

Séneca, Lucio Anneo, *Epístolas morales a Lucilio*, 2 vols. Traducción de I. Roca Meliá. Madrid, Gredos, 1986.

Vives, Juan Luis. *Vida y costumbres del humanista*. Traducción de L. Riber. Sevilla, Cypress Cultura, 2024.

BIBLIOGRAFÍA CONSULTADA

Ahbel-Rappe, S. y Kamtekar, R. (eds.), *A Companion to Socrates*. Malden, Blackwell, 2006.

Boeri, M. D., *Los estoicos antiguos*. Santiago de Chile, Editorial Universitaria, 2003.

Brunschwig, J. *et alii* (eds.), *Le savoir grec. Dictionnaire critique*. París, Flammarion, 1996.

Cavarnos C., *Plato's view of man*. Belmont, Mss, Institute for Byzantine and Modern Greek Studies, 1975.

Champeaux, J. Fortuna, *Recherches sur le culte de la fortune à Rome et dans le monde romain des origines à la mort de César*, 2 vols. Roma, École Française de Rome, 1982.

Ferry, L. *Qu'est-ce qu'une vie réussie?* París, Grasset, 2002.

Flower, M. A., *The Cambridge Companion to Xenophon*. Cambridge, Mss, Cambridge University Press, 2017.

García Gibert, J. *Sobre el viejo humanismo. Exposición y defensa de una tradición*. Madrid, Marcial Pons, 2012. Nueva edición, Sevilla, Cypress Cultura, 2024.

Holte. R., *Felicidad y sabiduría. Bases de la teleología clásica, de Aristóteles a San Agustín*. Traducción de J. L. Trullo. Sevilla, Cypress Cultura, 2024.

Green, W. Ch. *Moira. Fate, Good and Evil in Greek Thought*. Cambridge, Mss, Harvard University Press, 1944.

Long, A. A., *Epictetus. A Stoic and Socratic Guide to Life*. Oxford, Oxford University Press, 2002.

Mondolfo, R., *Moralistas griegos. La conciencia moral, de Homero a Epicuro*. Buenos Aires, Ediciones Imán, 1941.

Morrison, D. R. (ed.), *The Cambridge Companion to Socrates*. Nueva York, Cambridge University Press, 2011.

Nestlé, W., *Historia del espíritu griego*. Traducción de Manuel Sacristán. Barcelona, Ariel, 3ª ed., 1981.

Pohlenz, M. *La Stoa. Historia de un movimiento espiritual*. Traducción de I. Martínez Fernández. Madrid, Taurus, 2022.

Tovar, A. *Vida de Sócrates*. Madrid, Alianza Editorial, 1984.

Zeller, E., *Sócrates y los sofistas*. Buenos Aires, Nova, 1955.